Tommy Krappweis
und Werner Krappweis

Das Vorzelt zur Hölle

Wie ich die Familienurlaube
meiner Kindheit überlebte

KNAUR TASCHENBUCH VERLAG

Besuchen Sie uns im Internet:
www.knaur.de

Originalausgabe März 2012
Copyright © 2012 by Knaur Taschenbuch.
Ein Unternehmen der Droemerschen Verlagsanstalt
Th. Knaur Nachf. GmbH & Co. KG, München
Alle Rechte vorbehalten. Das Werk darf – auch teilweise –
nur mit Genehmigung des Verlags wiedergegeben werden.
Umschlaggestaltung: ZERO Werbeagentur, München
Umschlagabbildung: Tommy Krappweis
Satz: Adobe InDesign im Verlag
Druck und Bindung: GGP Media GmbH, Pößneck
Printed in Germany
ISBN 978-3-426-78476-1

5 4

Inhalt

Prolog

Ich stehe im Studio Berlin-Adlershof am Set und blicke in ein deprimiertes Gesicht. Es gehört der niederschmetterndsten Backware seit Erfindung der Kornschrotung: Bernd das Brot. Meine Aufgabe ist es, die Regie zu führen, also das Drehbuch mit den gegebenen Umständen aus Personal, Budget und Zeit so gut wie möglich umzusetzen. Da ich gleichzeitig auch der Produzent bin, gibt es niemanden, der mich ermahnt, außer mir selbst.

Gerade drehen wir eine Szene, in der Bernd das Brot versucht, ein Campingzelt aufzubauen. Von den viel zu kurzen Armen mal abgesehen, läuft alles so ab, wie ich es aus meiner Kindheit kenne. Die Heringe lassen sich nicht in den Steinboden hämmern und verbiegen, die Gleiter an den Schnüren rutschen immer durch, der Zug erschlafft, der Reißverschluss klemmt ...

Bernd schaut in die Kamera und sagt sein obligatorisches: »Mist.« Recht hat er.

Von Beginn der Produktion im Jahr 1999 an haben Norman Cöster, Erik Haffner und ich unsere Kindheitserinnerungen, Traumata und Hassbilder durch die Handpuppen Bernd das Brot, Chili das Schaf und Briegel den Busch gefiltert. Dadurch konnten wir unseren Dämonen einen Namen geben.

Norm hat die Namen von seinen Lehrern als Erzbösewichte eingebaut, Erik seine Jugend in der Pfalz unter anderem durch Briegels Auszeichnung als »Miss Pfalzwein 2004« verarbeitet, und ich ...

tja, ich drehe jetzt eine Camping-Folge, und Bernd muss leiden. So wie ich gelitten habe.

Meine Gedanken sind erfüllt von der Vorfreude auf das Gesicht, das mein Vater machen wird, wenn er jeden einzelnen Gag erkennt als das, was er ist: Rache. Meine persönliche Rache für unzählige schreckliche, nervtötende, nasskalte, brütend heiße, unbequeme, sicherheitstechnisch mehr als grenzwertige, weil oftmals lebensgefährliche Campingurlaube direkt in der Hölle und zurück.

Ha! So, Bernd, und jetzt klappt das rachitische Zelt über dir zusammen. Doppelmist, haha!

Natürlich muss ich mich zurückhalten, denn schließlich drehe ich gerade eine Familiensendung. Und so manches Abenteuer aus meiner Erinnerung würde trotz Handpuppen ein wenig übertrieben wirken. Also kapriziere ich mich in dieser Folge eher auf die allseits bekannten Klischees:

Jetzt macht Bernd sich auf zum kilometerweiten Gewaltmarsch Richtung sanitäre Anlagen. Dort wird er auf übergewichtige Stiernacken treffen, die ihn am Waschbecken zwischen ihren mächtigen Leibern einklemmen. Die Dusche wird vom obligatorischen Dauerduscher okkupiert sein, von dem nur ab und zu die eingeschäumten Hände zu sehen sind, wenn sie aus einem prall gefüllten Beutel mit Fünfzig-Cent-Stücken eine weitere Münze in den entsprechenden Schlitz schieben. Und die Toilette wird so sehr von Spinnweben überzogen sein, dass man die Schüssel nur auf den zweiten Blick als solche identifiziert. Das liegt daran, dass bis auf Bernd alle ihre eigene Camping-Toilette dabeihaben und nicht auf diesen, nennen wir es: Service zurückgreifen müssen. Und das war noch längst nicht alles! Ein wohliger Schauer durchfährt mich. Satisfaktion. Ahhh …

Als Autor bin ich es gewohnt, dass die Figuren in meiner Vorstellung den Text sprechen und ich ihn nur schnell genug tippen muss. Aber diesmal hatte es eine ganz neue Qualität. Selten floss mir ein Drehbuch so aus den Fingern wie Bernds Campingurlaub. Hier nahm Bernd wirklich fast eins zu eins meine Rolle ein, wunderte sich über die Dinge, über die ich mich damals gewundert hatte, und schimpfte weithin hörbar über all das, wofür ich damals keine Worte fand. Und Bernds Lamento wird genauso wenig von seinen Freunden Chili und Briegel gehört, wie mein Protest ehemals von meinen Eltern wahrgenommen wurde.

Der Grund hierfür ist ganz einfach: Meine Eltern waren und sind Campingfans.

Dies ist die Geschichte eines Jungen, der heute nur noch in Hotels übernachtet. Hotels, in denen kein Mülleimerchen auf dem Frühstückstisch steht.

Liegt es an mir?

ch habe eine dreijährige Tochter namens Finja Maria Krappweis. Einerseits hoffe ich, dass sie mich verstehen wird, wenn sie irgendwann dieses Büchlein liest. Andererseits hoffe ich noch viel mehr, dass sie nicht zu einer solchen Verweigerungsmaschine heranwächst, wie ich eine bin.

Inzwischen weiß ich, dass es kaum möglich ist, mit mir Gesellschaftsspiele zu spielen oder länger als vielleicht zwei Stunden gesellig beisammen zu sein. Bald formt sich die Vorstellung in meinem Kopf, wie schön es doch wäre, jetzt auf der Couch ein Buch zu lesen. Oder irgendwas anderes zu tun, was man vorrangig alleine macht. Insofern weiß ich auch, dass es sicher nicht leicht war, mit einer Spaßbremse wie mir in den Urlaub zu fahren. Andererseits weiß ich aber auch, dass ich meiner Tochter zuhören werde, sie wahrnehmen möchte! Und ich argwöhne, dass es den Vorstellungshorizont meiner Eltern schlichtweg überstieg, dass ein kleiner Junge *keinen* Spaß beim Camping haben könne. Und darum wurde mein Gejammer ignoriert.

»Der Bua wird scho seng, wia schee dass des dann is«, lautete das gängige Argument meiner Eltern. Bezeichnenderweise in meinem Beisein geäußert.

Das macht es aber auch nicht wahrer. Ich erinnere mich an einen Skiausflug, bei dem ich es durch anhaltenden, mehrstündigen Protest während der Anreise schließlich schaffte, nicht mit auf den Berg zu müssen. Ich durfte stattdessen im Bus auf dem Parkplatz bleiben. Das liest sich sicher seltsam, aber ich empfand es tatsächlich als ein »dürfen« und somit durchgehend positiv! Ich *durfte* im Auto bleiben, ich *durfte* den ganzen Tag in Ruhe lesen, zeichnen oder dösen und dabei Hörspielkassetten hören! Urlaub! Schön.

Währenddessen kämpften sich meine Eltern den wolkenverhangenen Berg rauf und runter, denn mein Vater liebte es, wenn das Wetter im Skigebiet eher ungastlich war. Der Grund: »Dann san die Pistn leer, und ma fahrt einfach an den Lift hi und muas ned wartn!« Was soll man dazu sagen außer: *Warum in Gottes Namen sind die Pisten wohl leer?! Warum wohl?!*

Gerne hätte ich diese Buchstaben eurythmisch tanzen, im Takt der Silben auf und ab hopsen oder es in kindlicher Raserei immer und immer wieder brüllen können, während ich den Kopf gegen die Wand schlage. Es hätte nicht einmal etwas geholfen, meinem Vater die Worte auf die Netzhaut zu tätowieren (in Spiegelschrift natürlich). Selbst wenn die Frage nach diesem chirurgischen Eingriff für den Rest seines Lebens leicht wässrig vor ihm in der Luft geschwebt wäre, sobald er die Augen aufschlägt; er hätte darauf keine Antwort gehabt. Die Frage nach dem »Warum« macht in der Welt meines Vaters nämlich schlichtweg keinen Sinn, denn mein Vater denkt:

»Es macht Spaß, weil es mir Spaß macht, also macht es Spaß. Wer dazu keine Lust hat, der hat es eben noch nicht probiert. Denn hätte er es probiert, wüsste er ja, dass es Spaß macht, und würde es ebenso wollen. Also probiert er es jetzt, und dann macht es ihm auch Spaß.«

Aufgrund dieser höchst bestechenden Logik wurde ich also die Jahre über immer wieder genötigt, Dinge auszuprobieren, bis sie mir dann endlich Spaß machten. Gar nicht überraschenderweise funktionierte das jedoch nie. Das war aber natürlich kein Grund, den therapeutischen Ansatz zu überdenken. Nein, der einzige Grund, den mein Vater sich vorstellen konnte, war, dass ich vielleicht nicht die richtige *Ausrüstung* hatte.

Als begeisterter und höchst erfolgreicher Radrennfahrer wusste er, dass man auf einem schlechten Rad weder Spaß noch Erfolg haben konnte. Also wurde meiner Unwilligkeit generell begegnet mit einer stoischen Form technischer Aufrüstung.

Ich kann gar nicht zählen, wie oft er mich auf neue, noch unbequemere, schmalsattelige Rennräder setzte, meine Füße in ein neues Modell Skischuhe zwängte, mir andere Skier darunterschnallte oder mir hinterrücks Tauchermaske und Schnorchel ins Gesicht wobbelte, um mich danach auf hoher See aus dem Schlauchboot zu schubsen.

Nun gut, mag man sich vielleicht fragen, wo ist das Problem, etwas geschenkt zu bekommen? Sieht man mal von der Tatsache ab, dass ich als Beschenkter jedes Mal genötigt wurde, mich der Benutzung des Geschenkes immer und immer wieder zu verweigern. Es störte mich keineswegs, dass sich unser kleiner Keller unaufhörlich mit ungenutztem Sportgerät in gestaffelten Kindergrößen füllte. Das eigentliche Problem lag ganz woanders: Dieser Kram blockierte alle wichtigen Geschenkfeste!

Ich wünschte mir die ganze Kindheit hindurch eigentlich immer die gleichen drei Dinge: Lego, Marionetten und Super-8-Filmrollen. Geburtstage, Ostern und Weihnachten waren aber verstopft mit Skiern, Rädern und Trikots mit draufgesticktem »Tommi«, weil es in der Näherei kein »Y« gab!

Vielleicht erklärt sich nun meine Verweigerungshaltung ein wenig. Mal abgesehen von der angeborenen Charaktereigenschaft des Einzelgängertums musste ich an allen Fronten kämpfen, um irgendwie durchzudringen. Bei meinen Eltern hätte es nun mal nicht funktioniert, beim Tischgespräch gelegentlich den einen oder anderen Missstand aufzuzeigen und dann gemeinsam einen Weg aus der Krise zu finden. Mein Vater hätte das innerhalb weniger Sekunden abgebügelt mit: »Ach Schmarrn, des probier ma jetz morgn einfach amal, und dann weast du scho sehn, wia schee dass des is!«

Nein, hier half nur die totale, völlige Verweigerung immer und überall, um letztlich allen so sehr damit auf den Wecker zu fallen, dass sie mich irgendwann in Ruhe lassen würden. Ja, das war ein harter Weg, aber ich war wild entschlossen, ihn zu beschreiten. Doch es sollten noch viele Jahre vergehen, bis ich endlich Herr meiner Freizeit wurde.

Bis dahin verbrachte ich sie campierend.

Packwahn

Meine früheste Kindheitserinnerung ist grün. Schuld daran ist ein grüner VW-Bus mit geteilter Scheibe und doppelter Klapptüre an der Seite. Man würde es heute wohl »Hippiebus« nennen und irgendwie cool finden.

Damals in den Siebzigern war das genauso normal wie Hosen mit Schlag von der Größe eines Tennisschlägers.

Mein Vater Werner Krappweis hatte die Inneneinrichtung des Busses selbst gebaut. Überhaupt hat mein Vater vieles selbst gebaut, die Ewigkeit hierbei immer fest im Blick.

So steht bis heute die wuchtige Garderobe aus Zehner-Balken im Eingangsbereich der Wohnung, und auch die Dachschräge aus gebeizten Nut-und-Feder-Brettern ziert immer noch das Wohnzimmer. Bis heute wartet mein Vater bei jedem neuen Besucher mit breitem Grinsen auf die Frage nach der bautechnischen Motivation einer Dachschräge im vierten Stock eines achtstöckigen Hochhauses in München-Neuperlach. Die Antwort lautet: Stauraum. Mein Vater liebt kaum etwas so sehr wie Stauraum. Aber davon später mehr.

Die Einrichtung des Hippiebusses hielt also länger als das Auto drumrum: Irgendwann fuhr der grüne Bus nämlich nur noch dreiundsiebzig Stundenkilometer, weil er zu ebenso viel Prozent aus eingeschweißten Eisenplatten bestand, die den Abstand zwischen den Rosträndern irgendwie überbrücken sollten. Als es schließlich keine Stellen mehr gab, an denen man etwas anschweißen konnte, war es dann doch Zeit für ein neueres Modell, das zum Zeitpunkt des Gebrauchtkaufs allerdings auch schon zu den betagteren Versionen zählte.

Da mein Vater als Automechanikermeister bei der Post arbeitete, entschloss er sich zu der Farbe Gelb – vermutlich weil er preisgünstigen Zugang zu entsprechenden Spraydosen hatte und schon voraussah, dass demnächst die erste von hundert Metallplatten farblich angeglichen werden musste. Die Inneneinrichtung jedoch wurde in weiten Teilen aus dem Hippiebus übernommen. Kein Wunder, hatte sie doch nicht nur unzählige Reisen an den Rand der zivilisierten Welt überstanden, sondern auch Wassereinbrüche, Aufschläge mit körperlichem Vollkontakt und die ein oder andere Gasexplosion.

Doch zurück zu dem grünen Ur-Bus und meiner ersten Kindheitserinnerung: Ich sehe alles aus der Perspektive eines mutmaßlichen Kindersitzes. Neben mir sitzt meine Oma Maria Krappweis zusammen mit anderen alten Damen und Herren ihres Wanderkreises dicht gedrängt auf der selbstgezimmerten Eckbank. Gerade steigt ein weiterer alter Herr – vermutlich mein Opa Hänsel – durch die Klappen, und man schickt sich allgemein an, noch mehr zusammenzurücken.

Mein Opa jedoch winkt störrisch ab, krallt sich stattdessen am Griff des Kühlschranks fest und sagt, dass er stehen wird. Sein Sohn – also mein Vater – versucht, ihn zu überzeugen, sich doch besser zu setzen, aber er dringt ebenso wenig durch wie die anderen Stimmen im Auto. Also fährt mein Vater schließlich los, und das erstaunlich ruckartig. Ich will ihm hier keine Absicht unterstellen, tue es aber doch.

Sofort klappt die Tür des Kühlschranks auf, und Opa Hänsel verliert den Griff. Nein, das stimmt nicht. Er *behält* den Griff, nur die Türe verliert ihn. Dafür plumpst Opa Hänsel an mir vorbei auf irgendeine ältere Dame, die so erschrocken aufquietscht, wie das nur ältere Damen können. Danach Aufruhr, und die Erinnerung verblasst.

Ich weiß, dass das eine seltsame Kindheitserinnerung ist, aber diese Szene ist unauslöschlich in mein Hirn graviert. Sie illustriert zudem mehrere Dinge, die mich entscheidend prägen sollten:

- der Starrsinn Erwachsener im Allgemeinen und meiner Familie im Besonderen
- die rustikale Art und Weise, mit der man sich untereinander beweist, wer recht hat
- die Unzuverlässigkeit von Campingmöbeln, egal ob selbstgebaut oder direkt vom Fachbetrieb
- das grundsätzlich unzureichende Platzangebot

Das Platzproblem begleitete uns überallhin. Wie oben schon erwähnt, nahm es in der Wohnung seinen Anfang. Dort drückte es sich in Form von künstlichen Dachschrägen aus oder durch einen seltsam erdrückend wirkenden Kasten über der Wohnungstür, der gefüllt war mit Schuhwerk quer durch alle Jahreszeiten.

Doch besonders kam das Platzproblem im Vorfeld der Campingreisen zum Ausdruck. Obwohl, ich muss mich korrigieren, irgendwie ist es gar kein echtes Platzproblem. Es ist eher eine Art Obsession über das Thema. Mein Vater pflegte schon mehrere Tage vor der Abreise mit dem Packen zu beginnen. Er schiebt das bis heute auf meine Mutter, die ja immer so unglaublich viel hätte mitnehmen wollen. Ich argwöhne jedoch, dass er an der Flut von Kram nicht unschuldig war, wollte er doch auf jedwede Eventualität vorbereitet sein und zudem nichts zu Hause lassen, was potenziell geeignet war, um im Urlaub für »Spaß« zu sorgen.

Außerdem glaube ich, dass mein Vater wirklich Freude hat am Einräumen. Bis heute ertappe ich ihn dabei, wie er Stifte auf einem Tisch parallel zur Schreibunterlage ausrichtet und mit einem wahrhaft systemischen Wahn die Spülmaschine be- und entlädt. Wobei mein Vater nicht zwanghaft wirkt, ganz im Gegenteil. Auf Menschen, die ihn kennenlernen, macht er sogar einen lockeren, humorvollen und absolut pferdediebstahl-geeigneten Eindruck. Das trifft im Großen und Ganzen auch zu – außer es geht um Einräumen, Umräumen, Werkzeug oder Vorräte. Da entwickelt mein Vater eine Pedanterie, die ihresgleichen sucht. Ich habe noch nie jemanden kennengelernt, der größere innere Befriedigung dabei empfindet, jede – aber auch wirklich jede – freie Stelle mit irgendetwas Nützlichem zugepfropft zu haben, bis tatsächlich kein Platz mehr frei ist – außer dem, an dem die Familie installiert werden muss. Hätte mein Vater sich jemals für den Game Boy interessiert, wäre er süchtig nach Tetris.

Diese Pack-Obsession führte dazu, dass wir in späteren Urlauben ein kleines Segelboot auf einem Anhänger mit uns führten. Jedoch nicht in erster Linie, um es zu wassern, sondern um es bis unter die straff gespannte Persenning vollzupacken mit

Konserven, Kartoffelpüree-Flocken, Gaskartuschen, Batterien, Dosenmilch und diversen anderen Dingen mit Aufblas-, Ausklapp- oder Faltfunktion. Ansonsten war das Boot nur noch dazu da, dass wir es einen Tag vor der Heimreise schuldbewusst zu Wasser ließen, um damit zweimal zu kreuzen und einmal zu kentern und es anschließend doppelt so lange zu säubern, wie der Segeltörn gedauert hatte.

Anschließend wurde es wieder vollgepackt bis zum Rand, und ich frage mich bis heute, warum sich die Menge der Vorräte auf der Heimreise nicht signifikant von der Menge der Vorräte bei der Abreise unterschied. Ich weiß genau, dass wir laufend gegessen haben, denn ich musste ja auch laufend abspülen. Aber was immer ich da unter dem eiskalten Wasser mit dem grindigen Schwamm von dem Plastikgeschirr kratzte – es kann nicht aus den Konserven stammen, die wir im Boot hierher ans Ende der Welt gekarrt hatten. Denn die wurden nach dem Urlaub vollzählig wieder in die kleine Vorratskammer neben der Küche sortiert.

Insgesamt beschleicht mich heute in der Rückschau die Ahnung, dass dieser gesamte Campingwahnsinn wenig mit Urlaub zu tun hatte, sondern vielmehr mit Zwanghaftigkeit und Ritualen. Das trifft auf jeden Fall nicht nur auf das Packen und die Vorbereitungen vor der Abreise zu, sondern auch auf die ewig langen und beschwerlichen Wege in das sogenannte Urlaubsland. Oder was mein Vater für ein solches hielt …

Der Weg ist das Ziel

Der grüne VW-Bus hatte oben eine Luft/Licht-Luke. Um auch mit vollgepacktem Gepäckträger in den Genuss von beidem zu kommen, hatte mein Vater eine statische Meisterleistung ersägt. Er hatte genau an der Stelle, wo sich die Dachluke befand, die entsprechenden Streben des Dachgepäckständers gekappt. Somit konnte man das Gepäck wunderbar um dieses Loch herum drapieren, und wenn die Sonne hoch genug stand, fiel tatsächlich etwas Licht ins Innere des Busses.

Dafür fehlten dem Gepäckträger allerdings ein paar Querverbindungen, die der Designer des guten Stücks vermutlich nicht ausschließlich aus Jux und Dollerei dort installiert hatte. Aber tatsächlich taten Spanngurt und Wachsschnur jahrelang einen statisch ebenso einwandfreien Dienst.

So konnte mein Vater die dringend benötigten Gasflaschen für Kühlschrank und Herd auf dem Dach festzurren und musste sie nicht im Inneren des Busses lagern. Es war und ist zwar verboten, Gasflaschen auf einem Dachgepäckträger zu transportieren, weil die Sonne schon mal dafür sorgt, dass so eine Gasflasche dem Auto zu viel Drive gibt. Dieses Problem löste mein Vater jedoch elegant mit einer Plastikplane. Mit »Problem« meine ich allerdings nicht die pozentielle Lebensgefahr für Insassen und nähere Umgebung. Nein, damit ist gemeint, dass nun niemand mehr die Gasflaschen *sehen* konnte und wir mit ein bisschen Glück und vorausgesetzter Faulheit der Beamten ungestört über die Grenze kommen würden.

Aber da das Auto mit seinem handgezimmerten Innenausbau, den Metallplatten im Boden und den selbstverlegten Gasleitungen ohnehin keinem Sicherheitsstandard der Welt – außer dem meines Vaters – standhielt, waren Glück und Beamtenklischee sowieso unabdingbar. Mehr als einmal habe ich mit dem Gedanken gespielt, bei der Passkontrolle auszurufen: »Aber Papi, das ist doch gar nicht erlaubt mit den Gasflaschen auf dem Dach!«

Ich habe es dann aber doch gelassen, weil mir ein griechischer Campingplatz immerhin noch bequemer erschien als ein griechischer Knast. Heute bin ich mir da allerdings nicht mehr so sicher …

Wie auch immer, nach drei Tagen waren Boot, Bus und Gepäckträger vollgepackt, und meine Mutter und ich traten die vorerst letzte Reise im heimischen Aufzug nach unten an. Wenn bisher noch nicht so arg viel von meiner Mutter die Rede war, dann ist das nicht wertend gemeint. Meine Mutter Karin Krappweis war damals noch nicht die omnipräsente Das-machen-wir-jetzt-so-und-das-machen-wir-jetzt-so-Maschine, die sie heute ist.

Wenn man so will, hatte sie ihr Coming-out als vollkommen eigenständige Persönlichkeit erst, nachdem sie und mein Vater sich scheiden ließen, als ich zwölf und mein Bruder Nico sechs Jahre alt war. Meine Eltern hatten früh geheiratet, und meine Mutter brauchte ein paar Jahre, bis sie sich über die Lautstärke meines Vaters hinweg ebenfalls vollumfänglich hörbar machen konnte.

Die Geschichten in diesem Buch fallen aber eher in die Zeit, als meine Mutter noch das meiste glaubte, was mein Vater erzählte, und im Großen und Ganzen darauf vertraute, dass er das Richtige zum Wohl aller Familienmitglieder tun würde. Und wenn mein Vater sagte, es herrsche keine Gefahr, dann herrschte keine Gefahr-ich-lach-mich-kaputt.

Vorsichtig ausgedrückt, zeichneten sich die Anreisen immer durch ein Höchstmaß an Unbequemlichkeit aus. Die schier endlose Fahrtdauer plus die wenig ergonomischen Sitze mal das zuckelige Reisetempo von irgendwas um die 80 Stundenkilometer ergaben eine Gesamtgrenzerfahrung, die mir heute noch das Gefühl hilfloser Agonie vermittelt.

Ich war auf dem Weg an einen Ort, den ich schon hasste, bevor wir angekommen waren, und hatte keine Möglichkeit, das irgendwie zu vermeiden. Das erste Mal alleine zurückbleiben durfte ich erst im Alter von vierzehn, und bis dahin war es noch lange hin. Also bestand die einzige Chance, das Ganze zu überstehen, darin, mich von Moment zu Moment mit der Situation zu arrangieren. Ich musste also mitfahren, na gut – aber keiner, nichts und niemand würde mich dazu bringen, *Spaß* zu haben!

Zuerst hörte ich meine Pumuckl-Kassetten noch über die Lautsprecher des Autoradios. Damals noch mit Alfred Pongratz als Meister Eder, denn Gustl Bayrhammer kam erst viel später. Doch Alfred hin, Gustl her, meinen Eltern ging vielmehr der Hans Clarin auf die Nerven. Nicht persönlich natürlich, sondern als Stimme vom Pumuckl.

Nachdem Kinder im Allgemeinen eine große Freude an der

Wiederholung der Wiederholung der Wiederholung haben, war schnell klar, dass ich *dringend* einen eigenen Kassettenrekorder benötigte. Also bekam ich eines dieser rechteckigen Henkelgeräte mit einem Monolautsprecher oben und einem Kassettenfach darunter, mit großen mechanischen Tasten, von denen eine rot war und die Funktion hatte, über das eingebaute Mikrofon aufzunehmen – vorausgesetzt, man hatte genug Kraft, um die REC- und die PLAY-Taste gleichzeitig runterzudrücken.

Mit diesem Gerät lümmelte ich mich also hinten auf der Eckbank im Hippiebus und hörte die gleichen vier Pumuckl-Kassetten rauf und runter. Ich weiß, dass mein Vater nach stundenlanger Fahrt Richtung Italien noch einmal entnervt umdrehte, weil wir meinen Kassettenrekorder zu Hause vergessen hatten. Das Gejammer war ihm dann wohl noch mehr auf die Nerven gegangen als das ewige »Pumuckl versteckt und niemand was meckt!«

Zu Hause hatte ich damals übrigens auch eine Schallplatte, und zwar das »Lied der Schlümpfe« von Vadder Abraham. Leider handelte es sich dabei um eine Single, und Singles waren nun mal immer so schnell vorbei, dass man das Legobauen laufend unterbrechen musste, um den Tonarm wieder geräuschvoll an den Anfang der Platte zu schmettern. Darum ging ich ziemlich rasch dazu über, die Single in dem langsameren Tempo für Langspielplatten abzuspielen. Das hatte den Vorteil, dass das Lied deutlich länger dauerte und ich somit auch nicht mehr so oft aufstehen musste. Der Nachteil war jedoch unüberhörbar: »Dööör Flöööotooonnnschlumpfff fööönggggdd onnnnn ...«

Vielleicht war das der Grund, warum ich kurz darauf meine

erste Langspielplatte geschenkt bekam, aber jetzt zurück zum Campingurlaub.

Da ich ziemlich früh mit dem Lesen begonnen hatte und das neben Legobauen und Marionettenspielen schnell zu meiner dritteinzigen Hauptbeschäftigung wurde, wich der Stapel Hörspielkassetten bald einem stehenden Klafter Bücher aus der städtischen Leihbibliothek. Man durfte vierzehn Stück auf einmal ausleihen, und genau so viele nahm ich auch in die Urlaube mit, fest entschlossen, wirklich gar nichts zu tun, außer mein kleines Zelt aufzubauen und die endlosen Tage dort drin mit meinen Büchern zu verbringen.

Leider war es jedes Mal das Gleiche: Wir zuckelten tausend Millionen Stunden mit dem Bus über die Autobahnen ins Urlaubsland und dort nochmals tausend Millionen Stunden über irgendwelche Autoputs auf der Suche nach dem urigsten Campingplatz. Kaum waren wir endlich irgendwo angelangt, hatte ich meine Bücher auch schon ausgelesen – und das in einem brüllend heißen Bus, der damals natürlich nicht über eine Klimaanlage verfügte, sondern nur über zwei Klappfenster, die man entgegen der Fahrtrichtung schräg stellen konnte.

Somit hatte ich die Wahl zwischen Brüten und Lärm. Das größere der beiden Klappfenster bot leider auch entsprechend mehr Windwiderstand und blieb demzufolge nur offen, wenn man sich dagegenstemmte. Also verbrachte ich viele Stunden liegend auf der Eckbank, die Füße gegen das Fenster gedrückt, um nicht zu ersticken. Mit der einen Hand presste ich meinen Kassettenrekorder ans linke Ohr beziehungsweise hielt das Buch hoch und drückte das Ohr gegen die Lehne der Eckbank. Mit der anderen Hand hielt ich mir das rechte Ohr zu. Wenn mein Körper dann irgendwann schmerzhaft verkrampfte und ich den Druck auf das Fenster nicht mehr aufrechterhalten konnte, schloss es sich ganz von selbst mit einem lauten Knall. Dann herrschte vergleichsweise Ruhe, dafür wurde es aber innerhalb weniger Sekunden unerträglich heiß.

Meinen Eltern ging es vorne sicher nicht anders, aber die schien das nicht zu stören! Die Hitze, der Wind und all die anderen Unannehmlichkeiten waren wohl Teil dieser »Freiheit«, die sie da empfanden, und somit ganz ausdrücklich willkommen. Es kam eben einfach darauf an, wie man die Dinge empfand.

Aber ich war leider nicht in der Lage, mich selbst zu hypnotisieren, um meinen Frust in Freude umzuwandeln. Okay, ich *wollte* es auch gar nicht. Ich wollte nur eines, und zwar nach Hause. Da das aber in weiter Ferne lag, sowohl zeitlich als auch räumlich – Tendenz steigend – blieb mir nichts anderes übrig, als mich wieder gegen das Fenster zu stemmen, sobald die Schmerzen in den Gliedern und am Ohr nachgelassen hatten.

Der perfekte Platz

Der perfekte Platz für einen Campingurlaub musste für meinen Vater vor allem eines sein: urig.
Urig ist ein dehnbarer Begriff und bedeutet irgendwas zwischen »wuchtig, romantisch, einsam, archaisch, zerklüftet, düster, wellenumtost« und »bar aller Anzeichen von Zivilisation«. Letzteres schließt auch sanitäre Anlagen mit ein.

Ja, mein Vater war und ist Wildcamper mit Leidenschaft. Ein tatsächlicher Campingplatz wurde nur angesteuert, wenn sich dort sonst nichts fand. Und man bedenke, wie die Suche vonstattenging in den Zeiten vor Internet und Google Maps. Um einen Ort als campingwert oder -unwert zu befinden, musste man diesen erst einmal aufsuchen und sich live mit eigenen Augen umsehen. Heutzutage suchmaschint man einfach nach versteckten Orten und Camping-Geheimtipps im entsprechenden Urlaubsland (ob dieser Geheimtipp dann wirklich so geheim ist, wenn er im Netz ergoogelbar ist, sei dahingestellt). Die versteckten Orte, die mein Vater suchte, zeichneten sich in jedem Fall dadurch aus, dass man sie nicht so leicht fand. Aber wir hatten ja die ganzen Ferien lang Zeit, und so konnte die Suche nach dem perfekten Standplatz schon einmal ein paar Tage in Anspruch nehmen.

Man konnte schließlich einfach so irgendwo haltmachen,

dort einfach so übernachten und sich am nächsten Tag einfach so entscheiden, einfach so weiterzufahren! Hurra, diese Freiheit!

Frei waren aber eigentlich nur meine Eltern, ich war gefangen in ihrem Wahn, alles toll zu finden, was ihr Sohn scheiße fand.

So wurde es also irgendwann dunkel, und wir holperten auf den nächsten Campingplatz oder blieben einfach stehen, wo wir waren.

Bis heute reagiert mein Vater auf nächtliche Geräusche recht vehement. Er steht kerzengerade im Bett und macht mit der rechten Hand eine blitzschnelle Bewegung. Das mag vielleicht daran liegen, dass er zu viele Nächte auf irgendwelchen Parkbuchten im Niemandsland verbracht hat, wo das Einzige, was zwischen dem Verlust seiner Familie und aller mitgeführten Güter stand, er selbst und ein Finnmesser war.

Für Nichtcamper: Ein Finnmesser ist kein Gerät, um Skandinavier orten und weiträumig umgehen zu können, obwohl das auf Campingplätzen manchmal sogar Sinn gemacht hätte, wenn man nachts gerne durchschläft.

Nein, ein Finnmesser ist ein dünnes und so dermaßen scharfes Messer, dass man damit einen Baum von seinem Schatten trennen könnte. Ich sage »könnte«, denn da, wo wir campierten, war meistens kein Baum und somit leider auch kein Schatten, aber dazu später mehr.

Mein Vater demonstrierte die Schärfe dieser Waffe gerne dadurch, dass er ganz leicht mit der Klinge über seinen Daumennagel glitt, worauf sich dann eine hauchdünne Schicht des Nagels über die Schnittfläche kräuselte. Außerdem zerschnitt das Messer beim Wegstecken immer wieder die dafür passende Lederscheide aus dickem Schweinsleder. Hilfe.

Mit diesem Messer in der Hand wachte mein Vater auf der businternen Bettstatt über uns, bereit, jedem Straßenräuber die Finger zu filettieren – oder welches Körperteil auch immer dieser zuerst wagte in den Bus zu schieben. Zum Glück für die weltweite Diebesgilde kam es nie dazu.

Das konnte aber auch daran liegen, dass unser Bus nicht gerade so aussah, als würde jemand damit einen sündhaft teuren Fotoapparat oder jede Menge Deutschmark durch die Fremde zuckeln. Ganz im Gegenteil. Wir wirkten vermutlich eher wie eine kleine Hippiekommune auf dem Weg in den Ashram. Und falls irgendein Dieb doch einen Blick ins Innere wagte, sah er dort einen Mann mit wildem Bart, der ein Messer umklammert hielt und ihn mit einem halboffenen Auge auffordernd anstarrte. Mein Vater ist der einzige Mensch, den ich kenne, der so schlafen kann. Der Anblick ist höchst verstörend, aber offensichtlich recht wirkungsvoll.

Nachdem meine Mutter und ich lange genug nach Moskitos gehauen hatten, war es auch schon wieder Zeit, weiterzufahren. Wobei ich noch erwähnen sollte, dass mein Vater generell sehr ungern Pausen einlegte. Ihm war es immer wichtig, bei der Rückkehr sagen zu können: »Und dann binni de achzgdausnd Kilomedda in drei Dog owegrittn!«, oder so was in der Art. Und am Ende dieser achzgdausnd Kilomedda war dann immer »a ddrauumhafter Platz«, und an dem blieben wir die ganzen Ferien über, weil »wos Scheenas gibt's ja gar ned«. Ansichtssache, würde ich da sagen, aber was hilft's.

Wenn ich bisher wenig spezifisch bin, was die jeweiligen Urlaubsländer angeht, dann liegt das daran, dass das für mich anfangs alles das Gleiche war, nämlich »nicht zu Hause«. Ich komme aber später noch auf die einzelnen Länder und ihre Klischees zu sprechen – wär ja noch schöner. Auf jeden Fall fand mein Vater in jedem dieser Länder seinen »ddrauuumhaften Platz«.

Er hatte tatsächlich ein untrügliches Gespür dafür, an welcher Steilküste sich demnächst eine düstere Bucht öffnen würde oder wann man plötzlich scharf rechts in einen kleinen Wirtschaftsweg einbiegen sollte, um die kleine Felsnase zu erreichen, die nicht bei Flut vom Meer verschluckt wurde.

Ich erinnere mich da an einen dieser Momente; ich glaube, es war auf der Insel Korsika. Eine kleine Straße führte ziemlich scharf rechts von der Landstraße direkt hinunter ans Meer. Das konnte man auch ohne Navi gut erkennen, denn die Straße machte keine typischen Serpentinen, sondern verlief ebenso steil wie schnurstracks direkt nach unten, und man konnte am Ende tatsächlich das Wasser glitzern sehen. Mein Vater war sofort begeistert, und noch bevor meine Mutter »Aber …« rufen und mit zitternder Hand auf die unzähligen gähnenden Schlaglöcher deuten konnte, lenkte er unseren Bus bereits auf die ungeteerte Straße und griff beherzt zur Handbremse.

Die Fahrt nach unten war keine solche, denn ich glaube, die Räder haben sich kein einziges Mal gedreht. Mein Vater muss bis ganz nach unten durchgängig gebremst haben, denn man hörte es deutlich, und man sah es auch in Form von bläulichem Rauch, der bald unseren ganzen Bus eingehüllt hatte. Mir drängt sich heute eine Szene aus »Jim Knopf« auf, in der die

Lokomotive Emma als Drache verkleidet wird und dann Feuer und Rauch speit. So ähnlich könnten wir für den ein oder anderen flüchtenden Korsen ausgesehen haben, vorausgesetzt, er hat sich auf der Flucht vor uns noch einmal umgedreht.

Mangels Anschnallpflicht wurde ich hinten im Bus so extrem durch die Gegend geschleudert, dass ich mich irgendwann nur noch panisch an dem Stahlrohr des beweglichen Tisches festklammerte, um nicht bei jedem Schlagloch hochgeworfen zu werden und gegen den kantigen Kühlschrank zu prallen. Meine Eltern hatten während dieser Abfahrt keine Sekunde Zeit, den Blick nach hinten zu wenden.

Mein Vater war zu sehr damit beschäftigt, nicht völlig die Kontrolle über den Wagen zu verlieren und gleichzeitig so auszusehen, als wäre das alles ein großer Spaß. Meine Mutter war zu sehr damit beschäftigt, panisch zu schreien – nur unterbrochen von den seltsamen Kieksern, die sie jedes Mal ausstieß, wenn sie wieder hart auf den Sitz oder mit dem Kopf gegen die Decke prallte.

Als wir irgendwann tatsächlich lebend unten angekommen waren, fand man mich zugedeckt von allem, was mein Vater so sorgsam hinter den vielen Klappen verstaut hatte. Hinzu kamen diverse Taschen, die Kissen von der Eckbank mitsamt der hölzernen Versteifung, so dies und das aus dem Kühlschrank und natürlich die unvermeidliche 1,5-Liter-Flasche Curry-Ketchup. Ich hasse den Geruch bis heute.

Meine Mutter öffnete die Doppeltüre des Busses, und es ergoss sich der ganze Kram mitsamt dem Sohn in den grobkörnigen Sand. Mein Vater lachte, meine Mutter weinte, und ich weiß nicht mehr, ob ich irgendwelche Geräusche von mir gab.

Ich weiß nur noch, dass uns eine Gruppe Menschen stumm anstarrte und irgendwer fragend auf die Straße zeigte, die wir gerade heruntergeschlittert waren. Mein Vater nickte stolz. Das Gegenüber machte eine Geste, die man vielleicht am besten mit »Wischiwaschi« bezeichnet, und dann gingen sie alle brummelnd weg. Später erfuhren wir, dass es sich bei dieser Straße mitnichten um die offizielle Zufahrt zu diesem Campingplatz handelte, sondern um einen ausgetrockneten Bachlauf. Das erklärte vieles.

Die Spinne

Vielleicht haben Sie schon mal von dieser urbanen Legende gehört. Es ist immer irgendwer, der irgendwen kennt, dem das passiert sein soll: Dieser Irgendwer bekommt eine eingetopfte Yucca-Palme geschenkt, und als er sie gießt, hört er ein seltsames quietschendes Geräusch, das sich dann als eine riesige Spinne entpuppt, die wohl kein Wasser mag. Wahlweise gibt es diese Wandersage auch mit einer toten Giftspinne, die irgendwo gefunden wird, oder mit den unvermeidlichen kleinen Spinnen, die schlüpfen und in der Wohnung rumwuseln. Wir erlebten eine weitere Version. Direkt, ohne Umwege über wen, der irgendwen kennt, und ohne Palme, aber dafür mit Auto.

Es war, soweit ich weiß, auf dem Weg nach Egal-es-ist-überall-heiß-und-scheiße-Land. Nach einer ewigen Gewaltfahrt, auf der mein Vater mal wieder beweisen wollte, dass Schlaf generell überschätzt wird, bestand meine Mutter irgendwann doch auf einer Pause.

»Hier?!«, fragte mein Vater ungläubig.

»Ja, hier und jetzt.«

So fanden wir uns also am staubigen Rand einer größeren Straße wieder, auf der die Egal-es-ist-überall-heiß-und-scheiße-Land-Bewohner hupend vorbeidonnerten und uns dabei mit bläulichem Qualm aus ihren Rostlauben eindeckten. Es ist mir heute sowieso völlig unbegreiflich, wie wir es damals überhaupt vor Einführung des Katalysators aushielten und warum wir nach wie vor am Leben sind.

Dort am Straßenrand genossen meine Eltern ein paar Tassen Schock-belebenden Filterkaffees und diese elenden Bröselkekse. Mein Vater führt diese bis heute mit Vorliebe auf Reisen mit sich, weil man die Packung so gut komprimieren kann, indem man die Luft rauslässt und dann zusammendrückt, bis es knirscht.

Außerdem kann man mit dieser Kekstüte nahezu alle wie auch immer geformten Lücken im Pack-Tetris auffüllen. Geschmack und Zustand der Kekse sind vor dem Hintergrund der Pack-Eignung als nachrangig zu betrachten. Aber das gilt ja grundsätzlich für alles, was man an Vorräten beim Camping dabeihat. Diese Kekse wurden also mit spitzen Fingern in den Mund gebröselt, als würde man sich die Zähne salzen, und dazu gab es Kaffee, Diesel und Sand.

Ich blieb die Pausen über meistens im Bus und erholte mich von den Strapazen der Fahrt. Das konnte man drinnen besser als draußen neben der Straße. Wenigstens war es jetzt endlich mal ruhig und wackelte nicht. Außerdem konnte ich dann den Pumuckl auch verstehen, ohne dass ich mir das Muster des Lautsprechers auf die linke Kopfseite stempelte.

Irgendwann hatten meine Eltern jedoch genug entspannt und stiegen hustend wieder ein. Ob der Husten von den Abgasen, dem Kaffee oder den Keksen herrührte, war nicht auszumachen, und ich tippe auf eine Mischung aus allem.

Mein Vater startete das Hippiemobil und schmetterte uns todesmutig in eine Lücke zwischen den Schüsseln der anderen Verkehrsteilnehmer. Kaum waren wir auf der Schleichspur angekommen und hatten dröhnend die Höchstgeschwindigkeit von 78 Stundenkilometern erreicht, passierte es: Meine Mutter kreischte so laut, dass ich es erst gar nicht als Schrei erkannte. Doch da sie wie verrückt mit den Beinen strampelte und dazu panisch an ihrem Gurt riss, war schnell klar, woher das Geräusch kam.

Mein Vater scherte sofort wieder aus und hielt auf dem schmalen Grat, den man dort gnädig als eine Art Standstreifen für die Totalversager und Touris übrig gelassen hatte.

Meine Mutter sprang aus dem Auto wie ein Flummi und schrie dazu etwas von einer Spinne. Mein Vater seufzte und verdrehte die Augen. Die ganze Aufregung wegen so einem kleinen Krabbeltier?

»Nein!«, schrie meine Mutter: »Wegen einem riesigen! Die ist *so* groß!« Dazu beschrieb sie mit beiden Händen etwas von dem Volumen eines Tennisballs, was für eine Spinne schon echt verdammt groß ist. Ich, der ich Insekten aus tiefstem Grunde meines Herzens verabscheue, war ebenso wenig wie meine Mutter dazu zu bewegen, den Bus wieder zu besteigen, bis die Spinne selbigen verlassen hatte.

Mein Vater seufzte noch einmal. Und dann begann er zu suchen …

Bitte stellen Sie sich für die nächsten eineinhalb Stunden Folgendes vor: Am schmalen Rand einer von geisteskranken Hup-Fetischisten befahrenen Straße steht ein grüner VW-Bus mit lächerlich hoch bepacktem Gepäckträger. Direkt davor im Schatten, den der Dachständer wirft, sitzen eine Frau und ihr kleiner strohblonder Sohn auf den Leitplanken und schauen stumm auf einen Mann mit Bart, der mit schicksalsergebenem Blick das Auto ausräumt. Ja, ausräumt.

Alles, was beweglich ist und als Versteck für eine faustgroße Spinne dienen könnte, fand sich schließlich entlang der Leitplanken wieder und bildete irgendwann eine meterlange Schlange aus Discounter-Fraß, Autositzen, Bodenteppichen, Klamotten und Dingen, die man klappen kann. Eine Spinne fand sich auch nach geschlagenen eineinhalb Stunden nicht.

Schließlich stelle mein Vater den Wasserkanister ab, den er gerade aus der Sitzbank gehoben hatte, und sank schwitzend vor uns darnieder. »Da is nix ... aber scho gleich übahauptsnix.« Schnaufte er, griff dann den Kanister, wuchtete ihn auf die Leitplanke, öffnete die Verschlusskappe und hielt seine rote Birne darunter.

In meiner Erinnerung zischte es bei dem Anblick, aber das ist sicher nur meiner Cartoon-geprägten Vorstellung zu verdanken. Mein Vater verschloss den Kanister und machte sich nun pitschnass, aber abgekühlt daran, alles wieder einzuräumen. Wenn man bedenkt, dass das auf dem Parkplatz in München-Neuperlach bis zu drei Tage in Anspruch nehmen konnte, ist es als eine einsame Spitzenleistung zu werten, dass mein Vater bei Einbruch der Dunkelheit wieder alles verstaut hatte.

Inzwischen hatten auch meine Mutter und ich deduziert, dass die Spinne sicher längst das Auto verlassen hatte. Gegenseitige Versicherungen wie »Was hätte sie da drin auch wollen sollen?« oder »Die hatte bestimmt mehr Angst vor uns als wir vor ihr« und dergleichen mehr vor uns her betend, stiegen wir also wieder ein und fuhren dann auch tatsächlich weiter.

Mein Vater machte bereits einen etwas hohlwangigen Eindruck, als wir schließlich mitten in der Nacht ein Schild mit dem Campingzeichen entdeckten. Wir stellten uns auf den nächstbesten Platz, und kaum waren die schaumstoffbezogenen

Bretter bereitet, die mein Vater stoisch mit dem Begriff »Bett«
bezeichnete, waren wir auch schon kollektiv eingeschlafen.

Es weckte uns der Schrei von Mami. Sie hatte sich irgendwie
in die hinterletzte Ecke des Busses installiert und hielt den
Blick starr auf irgendetwas gerichtet, das sich im diagonal gegenüberliegenden Eck befand. Mein Vater hatte bereits das
Finnmesser gezückt, startete mit der anderen Hand blitzschnell
die Gaskartuschenlampe und hielt sie in die Höhe. In der Ecke
war nichts.

»Da war die Spinne! Die Spinne war da!«, wiederholte meine
Mutter ein paar Mal und zeigte immer wieder in die Ecke.
»Da! Da war sie! Die Spinne! Da! Mach die Tür auf!«

Mein Vater seufzte sehr, sehr tief empfunden und stieß dann
etwas arg wuchtig die Klapptüren auf. Meine Mutter und ich
staksten mit unseren Schlafsäcken hinaus in die angenehm
kühle Nacht, wie sie so typisch ist für Egal-es-ist-überall-heiß-
und-scheiße-Land. Dann richteten wir unsere stummen Blicke
auf Papi. Der warf uns einen Blick zu, aus dem uns die Worte
»Tut«, »mir«, »das«, »nicht« und »an« entgegensprangen. Wir
reagierten nicht, warfen uns nur die Schlafsäcke majestätisch
über die Schultern und schauten zurück, bemüht, nicht zu blin-
zeln. Papi verstand.

Eine Stunde später hatte mein Vater im Schein der Gaslampe
wieder alles ausgeräumt, was auch nur ansatzweise als Versteck
für eine Spinne hätte dienen können. Dann ließ er sich erschöpft auf der Schwelle der Klapptür nieder und sah uns aus
toten Augen an. Meine Mutter und ich hatten die ganze Zeit
die Tür im Blick behalten, und keiner von uns hatte eine Spinne auf der Flucht bemerkt. Das konnte nur zwei Dinge bedeu-

ten: Entweder war die Spinne noch im Auto, oder Mami hatte sich alles nur eingebildet. Letzteres erschien uns immer wahrscheinlicher, schließlich hatte die Spinne ja einen bleibenden Eindruck hinterlassen, und es war nur verständlich, wenn sie davon jetzt entsprechend realistisch geträumt hätte. Also nickten wir Papi gnädig zu und gestatteten ihm so, wieder die Bettstatt zu richten. Es ist der Sturheit meines Vaters zuzuschreiben, dass er nun aber extra sorgsam wieder alles einräumte und uns so lange warten ließ, bis wir vor Müdigkeit kaum mehr stehen konnten. Vielleicht rechnete er sich damit aus, dass wir so auch eine ganze Spinneninvasion verschlafen würden. Vielleicht war es aber auch einfach nur blindwütige Rache, keine Ahnung. Ich könnte beides gut nachvollziehen und mache ihm da heute auch keine Vorwürfe mehr. Allerdings habe ich auch genug Auswahl an anderen Dingen, wo es sich mehr lohnt.

Nach einem ohnmachtsartigen Schlaf wachten wir vom Schall einer Glocke auf. Es ist typisch für Egal-es-ist-überall-heiß-und-scheiße-Land, dass in der Früh um 7 Uhr ein kleines dreirädriges Gefährt auf den Platz tuckert und jemand von einer rostigen Pritsche staubiges Weißbrot verkauft, das im Wesentlichen aus Rand und Luft besteht. Erstaunlicherweise schmeckt die Luft in dem Brot nach Benzin.

Wir frühstückten Luftbrot mit Butter, Erdbeergelee und der Discounter-Version von Nutella, mit dieser kleinen, idiotischen Figur, unter ihrem saublöden Haselnusshut. Ich hasse dich bis heute, kleine idiotische Figur mit deinem saublöden Haselnusshut. Ich hasse dich dafür, dass es dich gibt – denn wegen dir hatte mein Vater eine Wahl beim Kauf des Schokoaufstrichs.

Die nächtliche Spinnenerscheinung war ebenso verdaut wie das Frühstück, und mein Vater schob es jetzt endgültig auf einen Traum. Mami versuchte noch ein paar Argumente dagegen anzubringen, scheiterte aber am Wortreichtum und dem immer beißender werdenden Spott meines Vaters. Seine Pointen sind wirklich erstaunlich oft sehr lustig, aber es gibt da diesen typischen Mechanismus, der vielen Witzemachern einig ist: Wenn aus welchem Grund auch immer das Gegenüber irgendwann nicht mehr lachen kann und beleidigt ist, wird nicht aufgehört, sondern erst recht weitergemacht, um so möglichst eindringlich zu bestätigen, dass es doch alles nur Spaß ist. Dabei wird es zwar für das Gegenüber nicht lustiger, gleichzeitig werden aber die Gags immer kreativer, denn die offensichtlichen Pointen sind ja schon seit einer halben Stunde aufgebraucht. All das ist für einen Dritten durchaus unterhaltsam, solange er sich still genug verhält und an den richtigen Stellen lacht. Meine Mutter allerdings wurde dann doch ganz schön sauer, und gerade als es richtig lustig wurde, schickte man mich mal wieder zum Abspülen an den rostigen Wasserhahn, der mitten auf dem Platz einsam aus dem rissigen Boden ragte. Vielleicht auch ganz gut so, denn die beiden wirkten aus der Entfernung zunehmend unlustig, und irgendwann wurde es unangenehm still.

Im hellen Licht der steigenden Sonne und mit den Händen unter der rostroten Brühe hatte übrigens sogar ich eine Meinung zu diesem Campingplatz. Der Ort, an dem wir da mitten in der Nacht gelandet waren, war nichts anderes als eine staubige Fläche mit Markierungspflöcken, einem Zaun, einem Häuschen und einer Schranke. Vermutlich machte der Besitzer sein Geld nur mit Leuten, die Entfernungen falsch einschätzten und dann überraschend einen Schlafplatz benötigten. Denn freiwillig würde niemand diese öde Wüstenei als seinen Urlaubsort wählen, oder? Oder doch?!

Ich wurde eines Besseren belehrt, als wir eine Stunde später den Campingplatz verließen und feststellten, dass manche Urlauber sich wohl tatsächlich für einen längeren Aufenthalt eingenistet hatten! Während Klappstühle und -tische schnell aufgestellt und wieder verstaut werden können, entdeckten wir ein verräterisches Detail, worauf wir diese Annahme gründeten: einen Windschutz.

Einen Windschutz baut man nur auf, wenn man *bleiben* will. Denn um einen Windschutz so aufzustellen, dass er dem Wind standhält, gegen den er schützen soll, benötigt man etwas, das man im Urlaub komischerweise nicht zu haben scheint: Zeit.

Es dauert *ewig,* bis das blöde Ding so verankert ist, dass es nicht beim ersten Aufhusten umkippt und beim Nachbarn in der Grillglut landet. Das tut man sich wirklich nur an, wenn man vorhat, am jeweiligen Ort länger als ein paar Tage zu bleiben.

Ein weiterer Hinweis auf längeren Aufenthalt sind aufgepumpte Schlauchboote, denn damals gab es ja noch keine elektrischen Pumpen mit Autoanschluss oder zumindest waren sie dem breiten Publikum damals nicht zu erschwinglichen Preisen zugänglich. Die Plackerei mit den einst so verbreiteten Ballonfürzchen, auf denen man so lang hysterisch herumhopsen musste, bis das Boot ansatzweise die Form eines solchen angenommen hatte, nahm man nur auf sich, wenn man wusste, dass die Luft mindestens eine Woche in den drei Kammern verbleiben würde.

Was auch immer diese Camper dazu veranlasst haben konnte, länger als nötig in dieser umzäunten Staubwüste zu verbleiben, blieb uns verborgen. In temporärer Einigkeit schüttelte Familie Krappweis synchron die Köpfe und verließ diesen desolaten Ort.

Doch die Geschichte mit der Spinne war hier nicht zu Ende, denn dies ist eine der seltenen Begebenheiten, wo uns das Leben eine Schlusspointe beschert. Es begab sich am lang ersehnten Ende des Urlaubs, als wir gerade die deutsche Grenze in der einzig richtigen Richtung passiert hatten: landeinwärts. Mein Vater hatte gerade wieder irgendeinen Spinnenwitz gemacht oder einen der besonders gelungenen zum hundertsten Mal wiederholt, und meine Mutter hatte zum hundertsten Mal wieder nicht darüber gelacht. Ganz im Gegenteil: Noch ein paar mehr, und die Spinnenwitze würden Gewicht haben vor einem Scheidungsrichter.

Lachend reichte mein Vater die Pässe aus dem Fenster und wurde sogleich durchgewunken. Niemand, der so auffällig und laut lacht, hat irgendetwas zu verstecken. (Von wegen! Man denke nur an die Gasflaschen.)

Auf der schnurgeraden Strecke weg von dem mürrischen Beamten in seinem kleinen Häuschen fing mein Vater plötzlich an, Schlangenlinien zu fahren, als hätte er sich direkt nach der Grenze eine Grappa-Infusion gelegt. Er bremste und stoppte ziemlich inakkurat für seine Verhältnisse neben einem Tanklastzug. Dann sprang er aus dem Auto, zog eine seiner Adiletten aus und schlug nach etwas Tennisballgroßem mit langen haarigen Beinen, das ihm gerade noch über die halbnackten Füße gekrabbelt war. Die Spinne wich seinen Hieben ekelhaft geschickt aus und sprang so überraschend über seine linke Schulter nach draußen, dass wir alle kollektiv aufschrien. Kaum hatte mein Vater sich umgedreht, war das Viech auch schon mit einem vernehmbaren »Pock« gelandet und blitzschnell unter dem Tanklastzug verschwunden. Einen Moment lang sagte keiner ein Wort. Nicht einmal mein Vater.

Der Blick, den meine Mutter ihm kredenzte, blieb mir vom Rücksitz aus leider verborgen, aber er hatte mich selbst oft genug getroffen, und so wusste ich, wie es in etwa ausgesehen haben musste. Ich bekam diesen Blick immer dann ab, wenn Mami mal wieder recht behalten hatte und mich das auch spüren lassen wollte. Sie lächelte dann zwar, aber es war kein richtiges Lächeln, denn die Augen lächelten nicht mit. Es wirkte auf eine maskenhafte Art eiskalt und gleichzeitig äußerst … na ja, triumphal. So blieb sie dann ein paar Sekunden und nagelte einen auf der Stelle fest, bis sie schließlich ganz leicht mit dem Kopf nickte, was wohl so etwas bedeutete wie »Jaja, aber *du* weißt ja immer alles besser …«. Dann erst drehte sie sich weg und entließ einen in die scheinbare Freiheit, sich jetzt ein paar Stunden lang wie ein Idiot zu fühlen.

Wie auch immer, Mamis Blick veranlasste meinen Vater nun dazu, schweigend den Schuh anzuziehen, einzusteigen und wortlos den Motor zu starten. Den Rest der Fahrt legten die beiden in Stille zurück, nur unterbrochen von Pumuckls gelegentlichem Jauchzen aus meinem Kassettenrekorder. Die Spinne sahen wir nie mehr wieder. Sie kam nicht mehr zurück, und das, obwohl sie ja doch drei Wochen lang mit uns gewohnt hatte. Vielleicht waren auch ihr die Spinnenwitze irgendwann auf die Nerven gegangen. So hatten die am Ende doch was Gutes.

Endlich ein uriger Platz

Wenn wir lange genug über staubige Straßen geholpert, auf Parkplätzen genächtigt und mit der ein oder anderen Fähre hin und her übergesetzt hatten, war auch mein Vater irgendwann davon überzeugt, lange genug nach dem idealen Zeltplatz gesucht zu haben. Und so fällte er zumeist am vierten Tag unserer Urlaubsreise eine Entscheidung. Hurra.

Wie es zugehen konnte, dass wir ausgerechnet an diesem Tag meistens genau den Platz fanden, der meinen Vater in Begeisterungsstürme eruptieren ließ, kann ich nicht sagen. Fakt ist, dass er so am frühen Nachmittag des vierten Tages plötzlich in eine Straße einbog und schnurstracks aufs Meer zusteuerte. Wenn es kein offizieller Campingplatz war, bremste er erst kurz bevor die Reifen feucht wurden, setzte noch einmal ein Stück zurück, damit uns die Flut nicht überraschte, und da waren wir dann.

Wenn es sich um einen Campingplatz handelte, war das Ganze schon komplexer. Dann wurde entweder irgendwo am Eingang geparkt, um zu Fuß die Standplatz-Optionen zu eruieren, oder wir fuhren in Schrittgeschwindigkeit mit dem Bus an den Parzellen vorbei, bis wir einen schönen Fleck gefunden hatten beziehungsweisebeziehungsweise einen Fleck, den mein Vater als solchen bezeichnete. Das unterschied sich teils extrem von dem, was ich als idealen Standplatz ausgesucht hätte. Mal abgesehen davon, dass mein idealer Standplatz für unseren Bus die Garage zu Hause war oder wenigstens der Parkplatz vor einem Hotel, hätte ich unsere Hippieschüssel am liebsten in der Nähe der sanitären Anlagen geparkt. Nicht so nah, dass man sie riechen konnte, aber doch so, dass man sich den täglich mehrfachen Gewaltmarsch sparte.

Denn abgesehen von Notdurft und Körperhygiene wurde ja auch dauernd am Tag abgespült, und es mussten etliche Gallonen Brauchwasser herbeigeschleppt werden, damit meine Mutter nach jedem Bad im Meer duschen konnte. Das war durchaus nachvollziehbar, denn seltsamerweise vertrug ihre Haut das Meerwasser nicht so recht oder zumindest nicht in Verbindung mit den Sonnenstrahlen. Warum wir dann trotzdem immer ans Meer fuhren und nicht zum nächsten Hotel mit Badelandschaft, wird mir immer ein Rätsel bleiben. Wie dem auch sei, wenn ich schon gezwungen war, mich auf einem Campingplatz aufzuhalten, dann doch bitte nicht allzu weit entfernt von der (wenngleich kargen) Infrastruktur.

Mein Vater sah das anders. Natürlich. Denn mein Vater war gerne ungestört, und das galt auch für Campingplätze. Dass das ein Widerspruch in sich war, focht ihn nicht an. Wir wählten grundsätzlich entweder einen Platz ganz, ganz, ganz links oder rechts vorne oder ganz, ganz, ganz links beziehungsweise rechts hinten in der allerallerletzten Reihe. Wir standen *nie* in der Mitte, also da wo vielleicht der kleine Shop war, der Aufblastierchen und Micky-Maus-Hefte in fremder Sprache feilbot. Denn rund um dieses Mekka der überschaubaren Verheißung hatten sich ja bereits die anderen Camper angesiedelt und genossen weidlich die Nähe zu Kaltgetränken und Wassereis. Nein, wir standen immer an einem der hinterletzten Zipfel, denn mein Vater wurde nicht gerne »von olle Seiddn so zamm-druggd«. Warum er dann bis heute gerne in der gleichen Hoch-hauswohnung in Neuperlach wohnt, ist ein weiteres großes Mysterium seiner Persönlichkeit.

Wenn wir Glück hatten, war immerhin ein Platz für uns vorne ganz links oder aber ganz rechts direkt am Meer frei. Wenn wir Pech hatten, dann musste es die letzte Reihe sein, und die war erstaunlich oft direkt an irgendeiner Felswand. Das liegt daran, dass mein Vater generell Felswände und zer-klüftete Küsten sehr gerne mag. Urig halt. Und darum suchte er natürlich auch ganz gezielt nach Campingplätzen in sol-chen Gebieten.

Das hatte zur Folge, dass ich trotz unzähliger ausgedehnter Urlaube erst im Alter von zwölf meines ersten Sandstrands an-sichtig wurde, denn Sandstrand und Steilküste schließen sich fast kategorisch aus. Beim Durchforsten der Fotos fand ich zwar immerhin ein paar Hinweise auf Strände, die Sandcha-rakter hatten oder wenigstens nur kleinere Steine aufwiesen, aber echte Sandstrände mit allem, was dazugehört, kannte ich nur von Prospekten, aus dem Fernsehen oder von den blumigen Erzählungen der Klassenkameraden, in denen die Begriffe *Palmen, Sand* und *blaues Meer* inflationär oft Verwendung fan-den. Ich konnte hier immer nur mit *Felsen, Steine* und *schwarzes Wasser* gegenhalten und galt nicht zuletzt darum in der Schule als komischer Kauz.

Ein Platz ganz vorne am Meer hat aber auch den Nachteil, dass man den ganzen Tag lang die anderen Leute vor der Nase hat. Das konnte mitunter schon ziemlich nervig sein, vor allem weil ich ein eher stilles Kind war und mein Interesse, mir mit den anderen Brüllaffen den ganzen Tag gegenseitig Bälle an den Kopf zu donnern und dabei dümmlich höhöhö zu machen, nicht erstrebenswert schien, wenn ich stattdessen ein Buch lesen konnte. Oder mich tot stellen.

Ein Platz ganz hinten an den Felsen hat aber noch ganz andere Nachteile: Das zumeist schieferartige Gestein neigt bei geringster Berührung zum Splittern und macht somit jeden Versuch einer Kletterpartie zu einem lebensgefährlichen Unterfangen. Zudem löst man mit jedem Tritt kleine Geröll-Lawinen aus, die auf dem Weg nach unten sowohl an Geschwindigkeit als auch an Umfang zunehmen und dort in erschreckend großem Radius in Autos, Wohnwägen und Campingbusse einschlagen, wo sie hagelähnliche Schäden hinterlassen.

Und glauben Sie mir, ich weiß wirklich, wovon ich rede, denn ich habe es versucht. So unglaublich das heute klingt, der direkte Weg nach oben hatte nämlich durchaus etwas für sich. Denn dort oben bei der Einfahrt zum Campingplatz war meistens ein lockender Kiosk oder im verheißungsvollsten Fall sogar eine kleine Ortschaft mit mehreren Kiosken, wo es sogar deutsche Comics oder Bücher gab! Der offizielle Weg vorbei an den anderen Mitcampern und dann die lange serpentinenförmig angelegte Straße entlang war vor allem in der prallen Sonne eine erstaunlich anstrengende Tortur. Die Alternative war der direkte Anstieg über die Schieferfelsen. Es wirkte weder allzu hoch noch allzu steil, und oben winkte ein *Lustiges Taschenbuch* mit Micky und Co. Dafür war ich durchaus bereit, den ein oder anderen mittleren Hagelschaden an fremden Autos zu akzeptieren.

Letztlich endeten aber alle meine Versuche, dem Camper-Joch zu entkommen, erschreckend ähnlich: Schon nach wenigen Metern lösten sich ein paar verräterische Steinchen und prasselten unten weithin hörbar auf die Wohnwagendächer. Sofort war der Platz voll mit schmerbäuchigen Leuten, die wahlweise mich oder meine Eltern beschimpften. Bei einem besonders hektischen Abstieg an einem Campingplatz am Gardasee zog ich mir wegen des messerscharfen Abbruchs des Gesteins schließlich tiefe Schnittwunden in den Handflächen zu, und das heilte mich ein für alle Mal von der fixen Idee eines Direktaufstiegs.

Ein weiteres Merkmal von Camping direkt an der Felswand: Hier staut sich gerne mal die Hitze. Man lese und staune, so mancher Campingplatzbetreiber hatte sogar ein Einsehen und darum für seine Gäste Sonnendächer aus Holzbalken und Schilfmatten gebaut, unter denen man sein Lager aufschlagen konnte.

Anfangs lehnte mein Vater diese Dächer ab, denn »mia wolln ja cämpen und ned ins Hotel«, aber irgendwann hatte er einfach genug von seinen sämig herumliegenden Familienmitgliedern und machte wenigstens dieses eine Zugeständnis an die brüllende windlose Hitze. Wir änderten also unseren Standort von *ganz, ganz, ganz* rechts hinten in *ganz* rechts hinten und stellten uns mit Sack und Pack unter eins dieser Schattenspender.

Für den Nichtcamper hört sich »Wir änderten also unseren Standort ...« vermutlich recht einfach an. Aber das ist es mitnichten, auch dann nicht, wenn wir das Abbrechen des Lagers an der alten Position nicht mit einrechnen. Nein, das tatsächli-

che Drama war der elende Aufbau und die besondere Bewandtnis der Kombination VW-Bus und Vorzelt, katalysiert durch
väterlichen Perfektionsanspruch.

Zuerst einmal wurde der Bus an die richtige Stelle manöv-
riert. Hier war mein Vater schon so penibel auf die perfekte
Parallelität von Bus und Felswand bedacht, dass wir uns aufgrund von Lärm- und Abgasbelästigung bald die ersten bösen
Blicke der anderen Camper einfingen. Das ließ meinen ge-
schäftig kurbelnden Vater im Führerstand des Hippiemobils
aber ebenso kalt wie das Fehlen einer Servolenkung. Er
schwitzte und fluchte und ruckelte den Wagen dabei immer
wieder vor, zurück, vor, zurück, bis endlich ein möglichst ausge-
glichener Zustand erreicht war, der nun nur noch marginal op-
timiert werden musste. Bitte hier Seufzer einsetzen. Zusätzlich
zur Pedanterie meines Vaters ist es nämlich mehr als essenziell,
dass Wohnwagen oder Campingmobil hundertprozentig gerade stehen. Nicht nur der Schlafkomfort wird hierdurch positiv
beeinflusst, nein, tatsächlich hängt auch das Funktionieren des
Kühlschranks aufgrund des Kreislaufs der Kühlflüssigkeit entscheidend davon ab.

Da wir eher selten bis gar nicht auf wasserwaagenplanen
Teerflächen campierten, sondern eher auf dem Gegenteil, wurden nun erst einmal Steine gesammelt. Ja, da haben Sie richtig
gelesen: Wir sammelten einen Haufen flacher Steine und ar-
rangierten sie dann so kunstvoll hinter den vier Reifen auf, dass
die Steinhaufen eine kleine *Rampe* mit anschließender *Plattform* bildeten, auf die mein Vater dann mit der ihm gegebenen
Präzision hinauffuhr. Diese Marginalität zog sich dann je nach
Eignung des Untergrunds noch einmal ein knappes Stündchen
hin.

Nicht immer hielten die kleinen Kunstwerke dem Gewicht stand.

Nicht immer waren sie in der richtigen Höhe, um den VW-Bus optimal zu begradigen.

Nicht immer waren die Steine selbst der Last gewachsen.

Aber immer dauerte es.

In späteren Zeiten führte mein Vater immerhin ein entsprechend dimensioniertes Arsenal an Holzkeilen mit sich. Aber das ersparte uns nur das Steinesuchen. Schließlich reagiert steiniger oder erdig-morastiger Boden auf die Belastung durch VW-Bus auf welchen geschichteten Elementen auch immer. Und auch die Keile hatten ihre Tücken, denn in Zeiten vor ABS und Anti-Drift tendierten sie auch gern mal zur Geschosswerdung. So manches gut gemeinte Sonnendach wurde in den Jahren durchlöchert, und wir konnten nur froh sein, dass keiner von den Keilen jemals in die Steilwand einschlug, um uns unter einer Schiefersteinlawine zu begraben. Obwohl es auch Urlaube gab, wo ich das vielleicht sogar vorgezogen hätte.

Nach stundenlangem Rangieren, Gefluche, Unterlegen und noch mehr Gefluche stand dann also der elende Bus endlich so gerade, dass sogar die mitgeführte Wasserwaage nur noch anerkennend nicken konnte. Dafür hatten wir uns alle anderen Camper innerhalb erschreckend kurzer Zeit zu Feinden gemacht, aber meinem Vater war das egal. Sollte es tatsächlich zu notwendigen oder zufälligen sozialen Kontakten kommen, würde er die Leute mit ein paar Spinnenwitzen über Mami so gut unterhalten, dass sie ab sofort zu seinen besten Freunden zählten.

Aber die optimale Ausrichtung des VW-Busses bedeutete keinesfalls, dass die Zirkusveranstaltung nun ein Ende hatte, oh nein. Jetzt wurden erst einmal die Clowns in die Manege geschickt, um alle ein bisschen aufzulockern, denn danach ging es ums *Vorzelt* ...

Das Vorzelt zur Hölle

ch will Sie nicht mit der phantastillionsten Variation von Zelt-
aufbau-Geschichten langweilen und mir darum Mühe geben,
nur die Besonderheiten unseres Modells in möglichst abfälliger
Weise zu beschreiben. Vorab sei gesagt: Unser Vorzelt war ein
günstiger Gebrauchtkauf, und ich argwöhne, dass der Vorbesit-
zer es loswerden wollte, um keinen Mord zu begehen.

Es galt zuallererst, vier vierarmige Eckwinkel, zwei dreiarmige
Seitenwinkel und das eine vierarmige Kreuz so auf dem Boden
anzuordnen, dass die zwei Winkel mit der leichten Schräge an
einem der Arme bei der Stirnseite des Zeltes lagen und die
geraderen Winkel hinten. Denn die Front des Zeltes war leicht
angeschrägt, und der hintere Teil musste kerzengerade sein, um
mit der Seite des Busses abzuschließen. Können Sie noch?
Fein, weiter: Der Unterschied bei den Winkeln war nämlich so
minimal, dass man ihn mit bloßem Auge nicht erkannte. Erst
wenn man alle Stangen ineinandergesteckt und die kleinen rostigen Flügelmuttern mit einer Zange aufgeknackt hatte, um die
Stangen auseinanderzuschieben, stellte man fest, dass da wohl
ein bis zwei Winkel falsch positioniert waren: Das Ding stand
irgendwie schief und ließ sich nicht begradigen.
    Die Deutung, welcher der sechs Winkel jetzt richtig und
welcher falsch war, führte jedes Mal zu angeregten Diskussio-

nen. Deutlich angeregter wurde allerdings der Disput, wenn man sich schließlich einer Meinung beugte, das Gerüst wieder abließ, es auseinander- und danach vermeintlich korrigiert wieder zusammenbaute, um dann festzustellen, dass man einer weiteren Fehleinschätzung aufgesessen war. Unser Rekord lag bei viermal falsch, und trotzdem vergaßen wir beim Abbau jedes Mal, die Winkel irgendwie zu markieren, um uns beim nächsten Mal den Ärger zu ersparen. Spätere Markierungsversuche mit Klebeband waren nicht von Dauer, und auch das Einritzen in den Lack der Stäbe hielt nur so lange, bis selbiger heruntergerostet war.

Stand das Gerüst schließlich, musste es noch exakt so positioniert werden, dass sich der Durchgang von Zelt zu VW-Bus an genau der richtigen Stelle befand. Das gestaltete sich vor allem in den ersten Jahren ohne meinen kleinen Bruder besonders anspruchsvoll, denn versuchen Sie mal, zu dritt ein Zelt dieser Größe an seinen vier Eckstangen hochzuheben und zentimetergenau auszurichten. Merken Sie was? Ja, wir auch – und zwar jedes Mal. Vielleicht war das der eigentliche Grund, warum meine Eltern sich schließlich für ein weiteres Kind entschieden hatten. Wenn ich ehrlich bin, könnte ich diesen Gedanken sogar nachvollziehen. Denn wenn das Vorzelt nicht hundertprozentig richtig stand, gestaltete sich die folgende Aufgabe als ein Ding der physischen wie psychischen Unmöglichkeit:

Das Verbinden von Vorzelt und Bus
Dramatischer Tusch in Moll, Blitz erhellt das Gesicht des
Autors, Donner grollt

Schon die Erinnerung macht mich nervös …

Okay, also los: An dem grünen Bus und später auch an seinem gelben Pendant gab es eine schmale, scharfkantige Regenrinne. Diese stellte zugleich auch die einzige Möglichkeit dar, ein Vorzelt so am Auto zu befestigen, dass im Falle eines Regenschauers an der Verbindung kein Wasser hineinlief. So weit, so theoretisch gut. In der *Praxis* war das Hineinwürgen der Regenrinne in die dafür vorgesehene Plastiknut des Vorzelts eine solch entnervende Plackerei, dass die zwölf Taten des Herkules dagegen wie Topfschlagen wirken. Als ich noch jünger war, wunderte ich mich immer, warum mein Vater so arg schimpfte, wenn er da am Gepäckständer festgeklammert mit einem Bein in der Autotüre balancierte und mit der freien Hand an diesem Gummiding herumwalgte. Kaum war ich herangewachsen genug, um beim Aufbau des Vorzelts mithelfen zu müssen, sprach mir jeder einzelne Fluch aus der Seele.

Für Nichtcamper wähle ich mal ein Beispiel: Kennen Sie diese Momente, wo einem zum Beispiel ein Schlüssel hinter die eingebaute Waschmaschine in der Dachschräge fällt und man ihn nur wieder herausholen kann, wenn man entweder das Dach abdeckt oder etwas »langes Dünnes« mit einem Magneten bestückt, um den Schlüssel dann nur durch Geduld und Glück herauszufischen? Stellen Sie sich dazu bitte noch vor, sie müssten halb auf der Waschmaschine liegen, hätten aber keinen Platz für den Kopf. Dazu pappt der Magnet immer an der Rückseite der Waschmaschine fest und nicht am Schlüssel, und Sie drehen langsam, aber sicher durch, obwohl Sie wissen, dass innere Ruhe und Gelassenheit für den Erfolg der Operation unabdingbar sind.

So in etwa fühlt man sich, wenn man versucht, eine plastikgewordene Inkarnation der Unmöglichkeit in etwas zwanzig

Millimeter Breites und mehrere Meter Langes entlang eines VW-Busses zu würgen. Ohne Leiter.

Wenn es dann auch noch regnete, war mein Bedarf an Camping bis in die übernächste Inkarnation mehr als gedeckt. So stimmte auch ich alsbald in den urlaubsübergreifenden Kanon ein und rief aus tiefstem Herzen: »Ja Himmeherrgott-Sagglzement-Kreizdeife-Birnbaum-und-Hollerstaudn, i wea varruggd!«, während ich von der einen und mein Vater von der anderen Seite mit verkrampften Fingern und patschnass bis auf die Knochen das eine Scheißding auf das andere Scheißding quetschte.

Es gibt Aufgaben, an denen man wächst. Man weiß, man hat etwas Großes geschafft, man wird sich in ähnlichen Situationen immer wieder daran zurückerinnern, wie man damals über sich selbst hinauswuchs und das Unmögliche fertigbrachte, und erzählt es noch seinen Kindeskindern. Bei oben beschriebener Aufgabe jedoch ist das nicht der Fall, denn kaum etwas klingt bedeutungsloser als das »Bezwingen der Plastiknut eines Vorzelts«. Umso erstaunlicher, dass es in meinen Erinnerungen einen so exponierten Platz einnimmt. Ich verfluche hiermit ganz ausdrücklich den Entwickler dieser Zeltkonstruktion und wünsche ihm, dass er in einer eigens geschaffenen Vorzelt-Konstrukteurs-Hölle bis in alle Ewigkeit schräge Winkel mit einer Plastiknut an einer scharfkantigen Dachrinne befestigen muss, während ihm all die ehemaligen Käufer seines Fiebertraums von einem Vorzelt aus bequemen Liegestühlen dabei zusehen und ihn mit den Früchten aus ihren Cocktails bewerfen. Ich hasse dich.

Teppich, Teheppich
ühüber ahalles …

… ühüber ahallehes in dem Zelt. Erwähnenswert erscheint mir auch die Teppich- und Matten-Manie meines Vaters. Ich weiß nicht, ob das alle Camper so machen oder ob mein Vater nur einen seltsamen Fetisch auslebte. Fakt ist, dass wir immer Bodenunterlagen in unverhältnismäßigen Mengen mit uns führten. Hier der Grund dafür, mitsamt einzuhaltender Reihenfolge und Funktionen der Schichten im Einzelnen, wie mein Vater es mir darlegte:

1. Stabile Plastikfolie

Diese Folie wurde unter dem Zelt plaziert, um es vor Beschädigungen zu schützen. Die Folie war sehr dick und auch entsprechend starr. Aber sie hielt in allen unseren Urlauben als Unterlage unbeschadet durch. Einzig die Farbe änderte sich mit den Jahren von durchsichtig auf »irgendwas Gelbes«.

2. Der Boden des Zelts

Auf obige Folie wurde das Zelt selbst mit seinem eigenen, im Übrigen ebenfalls sehr stabilen grauen Plastikboden gestellt.

3. Ploppfolie

Das allseits beliebte und bekannte Verpackungsmaterial mit den süchtig machenden Luftbläschen wurde mit selbigen nach unten passgenau in das Vorzelt geschnitten. Das hatte den Sinn, Feuchtigkeitsbildung unter der nächsten Schicht zu reduzieren. Nächste Schicht? Oh ja, und zwar …

4. Grüner Moosgummi-Teppich

Der wurde wiederum auf die Ploppfolie gelegt. Das hatte zum einen ästhetische und zum anderen sensorische und hygienische Gründe. Es lief sich besser auf Moosgummi als auf Ploppfolie, es sah wohnlicher aus und absorbierte angeblich den Fußschweiß. Doch damit nicht genug, da war ja noch ...

5. Beige gemusterter Moosgummi-Läufer

Dieser Teppich wurde wie eine Straße vom Zelteingang zum VW-Bus gelegt. Er hatte laut meinem Vater den Sinn, erstens nicht so viel Dreck ins Auto mitzuschleppen, und zweitens hatte er diesen Teppich eh dabei, weil er damit die Gasflaschen auf dem Dachständer unkenntlich gemacht hatte. Da man aber auf einer beigen Unterlage den Dreck so schnell sah, half hier nur ...

6. Grauer Moosgummi-Teppich

Der befand sich doppelt gelegt vor dem Zelt am Eingang und diente dazu, den gröbsten Schmutz aufzunehmen, damit der beige Läufer im Inneren nicht so viel von dem Schmutz abbekam, den er eigentlich aufnehmen sollte, um das Auto davor zu bewahren ... Ich würde jetzt gerne schreien.

So, und jetzt würde ich wirklich gerne wissen, ob nur wir mit dieser Vielzahl an Unterlagen gesegnet waren oder ob die tatsächlich nötig sind. Ich hatte auf jeden Fall nicht den Eindruck, dass es uns bei der Endreinigung vor dem Zusammenpacken auch nur einen einzigen Handstrich ersparte. Für mich waren es einfach nur zusätzliche Quadratmeter, die es zu entschnecken galt. Doch zurück zum Aufbau. Zu guter Letzt wurde das Zelt mit folgenden Dingen bestückt:

1. Eine Sonnenliege

Unter diese wurde Zeug gestopft, so dass man nicht wirklich bequem drauf liegen konnte. Sie diente in der Tat vorrangig als Stauraum und nur nachrangig als mein Schlafplatz, wenn ich aus irgendwelchen Gründen nicht in meinem hundehüttenartigen Aldizelt schlafen wollte.

2. Ein Campingklo

Dieses chemiebasierte sogenannte Kassetten-Klosett war mehr als einmal Gegenstand wildester Diskussionen. Mein Vater weigerte sich nämlich all die Jahre strickt, mir die Benutzung zu gestatten. Das muss man sich mal vorstellen! Wir schleppten dieses blöde Ding in jeden Urlaub mit bis ans nächste Ende der Welt, stellten es ins Vorzelt, und dort stand es herum, bis es wieder Zeit war für die Heimreise. Und warum? Nun, die Begründung meines Vaters für das Verbot lautete immer gleich, und zwar: »Ja, wer leert's denn aus? Du?«

Und da hatte er in der Tat einen wunden Punkt getroffen. Denn das Leeren des Chemietanks mit den halb zerfressenen Fäkalien darin war in der Tat mehr als ekelhaft. Somit fügte ich mich dem Absurdum und nützte das Campingklo in der Tat nur für die akutesten Notfälle wie zum Beispiel die wöchentlich anstehende Durchfallerkrankung.

3. Taschen mit Zeugs

Allerdings standen die nur in den ersten Jahren herum. Danach hatten wir eine zweite Sonnenliege, um auch diese Taschen zu retuschieren.

Gegen Aufbau und Bestückung des Vorzelts nahm sich mein eigenes kleines Zelt daneben recht harmlos aus. Das einzig Erwähnenswerte daran waren die mitgelieferten Heringe, die sich schon beim Auspacken verbogen, und der leicht schief vernähte Reißverschluss am Eingang, der sich immer in dem Fliegen-

netz verhakte. Aber ich war einfach nur dankbar für diese rot-
blaue Zuflucht und verbrachte tatsächlich die meiste Zeit der
Urlaube dort drin mit Lesen, Kassettenhören oder selbstver-
gessenem Legospielen. Und mir fällt gerade auf, dass für mich
nie ein Stück Moosgummi-Teppich übrig war. Kann aber auch
sein, dass ich keinen wollte.

So hatten wir also mit Einbruch der Dunkelheit auch unser
Lager finalisiert und konnten uns nun endlich ganz entspannt
den Freuden des Campingurlaubs hingeben. Und damit ging
der Wahnsinn erst richtig los …

Kann Wasser urig sein?

Die Antwort gleich vorweg: Für meinen Vater kann Wasser sehr wohl urig sein. Für mich bedeutete urig in diesem Fall irgendetwas zwischen düster und gefährlich. Das trifft außerdem auf so ziemlich jede Art von Wasser zu, die ich auf unseren familiären Campingtrips näher kennenlernen durfte.

Konsequenterweise präsentierte sich mir das Meer schon sehr früh von seiner heimtückischsten Seite. Eine meiner ersten Erinnerungen an das Meer ist irgendeine Art Strand, der die Bezeichnung nur verdient, weil dort Land an Wasser grenzt, und mein Vater, der auf mich einredet, mit ihm ins Meer zu gehen. Es muss ziemlich lange gedauert haben, aber irgendwie hatte er mich dann letztlich wohl doch rumgekriegt; denn sonst hätte mir die Feuerqualle ja nie ihr Gift injiziert. Tat sie aber, und das dem Anlass angemessene Gebrüll war ein weithin hörbarer Beweis dafür. Dafür allerdings weigerte sich ein kleiner, blonder, etwa vierjähriger Junge die nächsten Tage besonders vehement, sein Zelt zu verlassen.

Ich kann mich noch sehr gut an die irrsinnige Hitze in meiner rachitischen Dackelgarage erinnern und daran, dass ich verzweifelt versuchte, mit meinen Legosteinen zu spielen, was mir aber aufgrund mangelnder Konzentrationsfähigkeit nicht so recht gelingen wollte. Das mochte vielleicht an den Nebenwir-

kungen des Medikaments liegen, die mir irgendein Schweine-
doktor gegen den nässenden Ausschlag und die verbrennungs-
artigen Schmerzen in den nächstbesten Muskel geschmettert
hatte.

Ich mache es ausnahmsweise kurz: Wie das bei Kindern so ist –
irgendwann war der Ausschlag weg, die Erinnerung an den
Schock und die Schmerzen verblasste vor dem Hintergrund
neuer perfider Versprechungen, und ich ließ mich doch glatt
ein zweites Mal von meinem Vater ins Wasser locken …

Es mag dem geneigten Leser nicht schwerfallen, sich vorzustellen, was mir so durch den Kopf ging, als ich auf den schwarzen Stachel blickte, der recht überraschend mitten auf meinem
Fuß gewachsen war. War er natürlich nicht, sondern ich war
nur zwei Meter vom Ufer entfernt in einen langstacheligen
Seeigel getreten. Das ist die letzte Erinnerung, die ich an diesen
Urlaub habe … abgesehen von irgendwas Verwaschenem, Bun-
tem mit viel Hall. Allerdings war ich damals ja noch recht klein,
und das war eben das im wahrsten Sinne hervorstechendste
Abenteuer dieses einen Urlaubs.

Bei der Recherche zu diesem Kapitel identifizierte ich das Tier
übrigens als einen sogenannten Diadem-Seeigel. Er zeichnet
sich durch besonders lange Stacheln aus, die sehr leicht brechen
und darum schwer wieder aus dem Fuß zu entfernen sind, was
zu eiternden Wunden führt. Außerdem geht man von einem
neurotoxischen Gift auf den Stacheln aus, da der Schmerz
beim Erwachsenen bis zu vier Stunden andauert. Ja, das klingt
nach meinem Kandidaten.

Seltsamerweise gibt es ausgerechnet von diesem Camping-trip kaum Fotos und nur sehr wenig Super-8-Filmmaterial. Normalerweise filmte mein Vater nämlich alles – und das ausgiebig; in nicht enden wollenden Schwenks über die immer gleichen kargen (= urigen) Landschaften. Diese 360°- Schwenks begannen und endeten immer mit dem Blick auf unseren grünen VW-Bus mit dem gelben Vorzelt und meinem kleinen, blau-roten Zelt daneben. Letzteres war auch gut zu erkennen an der charakteristischen Beule im linken hinteren Eck, weil dort ein kleiner, verängstigter Junge kauerte und im Fieberwahn alles mit Legosteinen bewarf, was sich vor dem Eingang zeigte.

Nur, in dem Film von diesem Urlaub sieht man uns im Wesentlichen nur wegfahren, dann folgen ein paar wie oben beschriebene Landschaftsschwenks … und das war's. Ende.

Dem Film nach zu urteilen, muss der Urlaub also entweder sehr kurz gewesen sein, oder meinem Vater war nicht nach Filmen zumute. Mag sein, dass er dachte, mein Fuß würde nie wieder abschwellen und ich würde rechts für immer Größe 52 tragen. Er wollte wohl kein Beweismaterial schaffen, mit dem ich ihm irgendwann einmal vor Gericht nachweisen könnte, dass er den Vertrauensvorschuss seines eigenen Kindes dafür missbrauchte, um es in Joe Klumpfuß zu verwandeln.

Vielleicht interpretiere ich hier doch zu viel hinein und er hatte einfach nur zu wenig Filmmaterial mitgenommen … oder die Batterien der Kamera waren mal wieder leer. Denn erstens waren Mitte der siebziger Jahre Fotogeschäfte und Elektrohändler dünner gesät als heute. Und zweitens gab es dort, wo mein Vater für gewöhnlich unser Lager aufschlug, keine Geschäfte; es gab ja manchmal kaum Straßen.

Denn was ist bitteschön urig an Asphalt? Genau: nix.

Das Kapitel, welches Sie gerade gelesen haben, ging aus den ersten Zeilen hervor, die ich für dieses Buch zu Papier brachte. In einer Mischung aus Rachegelüsten und Schuldbewusstsein überreichte ich den Text meinem Vater an meinem achtunddreißigsten Geburtstag mit dem Hinweis auf ein geplantes Buch und den Titel: »Das Vorzelt zur Hölle«. Er las es sofort interessiert durch und lachte dabei mehrfach herzlich. Ich weiß gar nicht, welche Reaktion ich eigentlich erwartet hatte, aber sicher nicht diese: »Lustig, ja, so war das, aber da würd' ich gern was dazu sagen.«

»Raus damit«, wollte ich antworten, hatte aber im gleichen Moment eine Idee und sagte stattdessen: »Weißt du was? Schreib's auf, und ich pack's mit ins Buch.«

In der Tat bekam ich ein paar Tage später eine Mail von meiner Stiefmutter Renate Krappweis mit einem Text von Papi im Anhang.

Zwischenruf

von Werner Krappweis (67)

An dieser Stelle ist es wirklich an der Zeit, meinen Sohn einmal zu unterbrechen und die Dinge aus meiner Sicht zu schildern. Ich will ja gar nicht in Abrede stellen, dass mein Sohn Tommy so ganz anders als unser jüngeres Kind Nico nie Gefallen am Camping fand. Es stimmt auch, dass wir immer Schwierigkeiten hatten, ihm die Urlaube schmackhaft zu machen. Und nicht nur diese, eigentlich wehrte sich unser Tommy gegen alle Unternehmungen, Ausflüge, Ski- oder Radtouren und wollte eigentlich immer zu Hause bleiben. Früher machten wir uns Sorgen, wenn er wochenlang in seinem Zimmer mit der Super-8-Kamera Bild für Bild Legosteine oder Playmobil animierte, während die anderen Kinder draußen Fußball spielten. Heute weiß ich, dass das der Grundstein für seinen Beruf war, und ich freue mich, ihm mit unseren Abenteuern so viel Inspiration verschafft zu haben.

Bevor ich direkt auf die obige Geschichte Bezug nehme, erst einmal Folgendes ganz generell vorneweg: Die schönste Zeit im Jahr war für meine damalige Frau Karin und mich immer der Campingurlaub. Es gab nichts Schöneres für uns, in meinem selbst ausgebauten, damals schon zweiundzwanzig Jahre alten VW-Bus mit Kind beziehungsweise Kindern irgendwo ans Meer zu fahren. Und kaum waren wir braungebrannt und ausgeruht zurückgekehrt, kreisten unsere Gedanken auch schon um den bevorstehenden Skiurlaub.

Wie aus der Verbindung aus zwei so aktiven, bewegungs-freudigen Naturfreunden ein Kind wie unser Tommy entste-hen konnte, verwundert mich ehrlich gesagt schon ein biss-chen. Allerdings tendiert mein Sohn natürlich schon allein von Berufs wegen zur Übertreibung, und ich freue mich über die Gelegenheit, hier ein paar Dinge ins rechte Licht zu rücken.

An die von meinem Sohn oben beschriebene Reise kann ich mich sogar noch gut erinnern. In diesem Jahr ging die Reise nach Jugoslawien, dem heutigen Kroatien, in die Nähe der Ortschaft Makarska auf einem Campingplatz direkt am Was-ser. Was gibt es Romantischeres als die zerklüftete kroati-sche Felsenküste mit ihren steilen Schluchten und finsteren Höhlen? Ich konnte damals wirklich überhaupt nicht nach-vollziehen, dass unser Erstgeborener sich dafür nicht inter-essierte und die Tage lieber in seinem kleinen Zelt verbrin-gen wollte. Es war mir auch wirklich unverständlich, dass sich mein Tommy so lange dagegen wehrte, mit mir ins Wasser zu gehen, um mit seiner eigenen, nagelneuen Tau-cherausrüstung die phantastische Unterwasserwelt haut-nah zu erleben. Wozu hatte er dieses für uns damals sehr teure Geburtstagsgeschenk denn sonst bekommen, wenn nicht für genau diese Gelegenheit!? Ich war verzweifelt und natürlich auch enttäuscht.

Schließlich konnte ich ihn mit der Versprechung, nachher für ihn eine große Sandburg zu bauen, aber dann doch mit-samt der Ausrüstung ins Wasser locken. So tauchten Vater und Sohn schließlich gemeinsam hinunter in die geheimnis-volle Unterwasserwelt des wilden kroatischen Meeres.

Leider konnte ich unter Wasser meinen Sohn nicht rechtzeitig davor warnen, dieses majestätische Objekt vor ihm an dessen langen, schwebenden Fäden festhalten zu wollen. Dass es sich um eine giftige Feuerqualle handelte, war ihm unter Wasser nicht so leicht beizubringen.

Das Gebrüll war über die ganze Bucht zu hören, und wir konnten froh sein, dass sich außer uns niemand den Weg über die nur schwer befahrbare Straße hinuntergetraut hatte und wir somit völlig alleine waren. Ansonsten hätte ich mir sicher von irgendwelchen berufsbesorgten Übervätern irgendwelche Maßregelungen anhören müssen. Aber so brauchte ich keine Zeit mit Erklärungen verlieren, sondern konnte direkt das Vorzelt von unserem Bus abkoppeln und mit meinem durchgehend brüllenden Sohn im VW-Bus die steile Straße hinaufzuckeln, so schnell das die dreißig PS eben zuließen.

Obwohl ich kein Wort von dem Arzt im Krankenhaus von Makarska verstand, machte er einen kompetenten Eindruck auf mich. Für einen Arzt an diesem Ort war das sicher nicht die erste Feuerquallen-Verbrennung, die er behandelte, und genauso wirkte er auch. Er gab meinem immer noch weinenden Sohn eine zugegebenermaßen etwas ruckartige Spritze gegen den mittlerweile nässenden Ausschlag und mir noch ein paar Ratschläge auf Jugoslawisch. Was auch immer in der Spritze gewesen war und sich nun in unserem Tommy ausbreitete, half auf jeden Fall, ihn zu beruhigen. Und wie!

Wieder auf dem Campingplatz angekommen, verkroch sich unser Sohn etwas tapsig in sein Einmannzelt und zog alle

Reißverschlüsse zu. Aber schon ein paar Minuten später hörten wir das vertraute Geräusch seiner Hände in der Legokiste und wussten, dass es wohl so schlimm nicht sein konnte.

In der folgenden Woche war unser Sohn zwar nur durch ausgedehntes und behutsames Zureden dazu zu bewegen, wenigstens zum Essen aus seinem Zelt zu kommen, aber nach ein paar Tagen waren die Brandwunden schon gut abgeheilt, und ich konnte einen neuen Versuch wagen. Ich ahnte, nein, ich wusste, sobald er erst einmal im Wasser war, würde es ihm auch gefallen! Welches Kind geht nicht gerne im Meer schwimmen? Eben. Dass wir mit unserem Tommy eben genau dieses Kind gezeugt hatten, wollte uns nicht in den Kopf. Ehrlich gesagt, verstehe ich das bis heute nicht, aber nun gut.

Da es an unserem weitestgehend schattenlosen Standplatz wirklich sehr heiß war und in Tommys Zelt vermutlich umso mehr, konnte ich meinem Sohn dann doch noch einmal nahebringen, wie herrlich es doch wäre, sich zusammen mit mir im Wasser wenigstens für ein paar Minuten zu erfrischen.

Nachdem ich ihm hoch und heilig versprechen musste, dass er dazu weder Taucherbrille noch Flossen anzuziehen hatte, folgte er mir schließlich ganz vorsichtig ins kühle Nass.

Es war für mich ein Augenblick reinster Vaterfreude, als ich sah, dass er diese Erfrischung nach den einsamen Tagen im stickigen Zelt zunehmend genoss. Er versuchte natürlich, sich das nicht anmerken zu lassen, aber ich war sehr froh, dass mein Sohn am Ende nun sah, dass sein Papi eben doch vertrauenswürdig war. Gerade winkte ich meiner Frau und deutete mit triumphierender Geste auf unseren planschenden Kleinen. Im selben Moment brüllte er los wie ein Jochgeier.

Die Stacheln von dem erstaunlich langstacheligen Seeigel, in den er getreten war, wurden ihm von dem uns bereits bekannten Arzt routiniert aus der Fußsohle entfernt. Damit sich das Ganze nicht entzündete, wurden In- und Austrittswunde großzügig mit Jod desinfiziert, was verständlicherweise sofort wieder neues Gebrüll verursachte. Ich versuchte, Tommy mit ein paar Geschichten abzulenken, und erzählte ihm lachend, was mir schon so alles passiert war, aber das schien ihn nur noch mehr aufzuregen. Der Arzt verstand zwar nicht, was ich erzählte, aber auch er schüttelte irgendwann seltsam den Kopf, und darum schwieg ich schließlich.

Von diesem Tag an verließ mein Sohn sein Zelt so gut wie gar nicht mehr, und die einzigen Lebenszeichen waren das leise Scharren der Legokiste und das unterdrückte Kreischen vom Pumuckl aus seinem kleinen Kassettenrekorder. Eigentlich kam er nur zum Essen raus oder wenn er aufs Klo musste. Oder wenn er neue Batterien für seinen Kassettenrekorder benötigte.

Ach ja, eines möchte ich doch noch hinzufügen: Dass ich selbst an einem der letzten Tage in einen solchen Seeigel trat, dessen Stacheln sich durch die Flosse hindurch in meinen Fuß bohrten, hat die gesamte Familie natürlich nicht einmal ansatzweise in dem Maße wahrgenommen wie die angeblichen Traumata unseres Sohnes. Ich will hier nicht jammern, und natürlich ist es etwas völlig anderes, wenn so etwas einem Kind passiert. Aber ich bilde mir schon ein, dass ich in dem Alter etwas gleichmütiger reagiert hätte als unser Tommy.

Ehrlich gesagt blickte ich eher mit einer Mischung aus Schmerz und Faszination auf die drei Stacheln, die da oben aus meiner Flosse ragten, und ich glaube, dass mir das als kleiner Bub auch nicht viel anders gegangen wäre. Ist es nicht unglaublich, wie sich die Natur gegen ungleich größere Gegner zur Wehr setzen kann? Und wo erlebt man denn solche Momente noch, wenn nicht beim Wildcamping? Wo steckt der Reiz, in einem Swimmingpool zu tauchen? Abgesehen davon, dass man da nichts sieht außer Kacheln und walrossgleichen Hinterteilen, fehlt doch da dieser wohlige Nervenkitzel des Unbekannten, ja, des Gefährlichen! Das Einzige, was einem da passieren kann, ist, dass einem der dicke Hintern den Schnorchel versperrt. Man fährt doch in den Urlaub, um etwas zu erleben, um Grenzen auszuloten, wieder so etwas wie Spannung und Aufregung zu empfinden! Herumliegen und lesen kann man wirklich besser daheim auf der Couch. Wobei ich da auch einen Ausflug auf dem Rennrad vorziehen würde, aber das ist ein anderes Thema.

Auf jeden Fall sparte ich mir den Weg zum Arzt mit meiner Verletzung, da dieser sowieso nur die Stacheln herausgezogen und das Ganze mit Jod aufgefüllt hätte. Das konnte ich mit dem immer griffbereiten Werkzeug aus dem VW-Bus auch sehr gut selbst erledigen, und Jod fand sich natürlich im Verbandskasten. Leider zerbrachen dabei die Stacheln in meinem Fuß an mehreren Stellen, was die tagelange Heimfahrt nicht gerade angenehmer machte.

Noch Wochen später, als wir schon längst wieder zu Hause in München waren, wurde ich jedes Mal, wenn mir wieder ein Stückchen Stachel aus der Ferse eiterte, erinnert an diesen denkwürdigen Urlaub am urigen kroatischen Meer.

Dieser erste unverhofft erhellende Beitrag meines Vaters zu dem geplanten Werk überzeugte mich vollends, den Ansatz eines herkömmlichen »Comedian meckert über populäres Thema«-Buches zu überdenken. Da ich angesichts der Geschichten ohnehin ein massives Glaubwürdigkeitsproblem am Horizont aufziehen sah, erschien es mir zunächst auch als ein geeigneter Garant für mehr Authentizität. Das wurde schnell zunichtegemacht, denn so manche Begebenheit wurde durch die Erinnerungen meines Vaters erstaunlich effektiv verschlimmert.

Ab sofort unterstützte mein Vater mich also mit seinen Reminiszenzen, und auch seine Ex-Frau und meine leibliche Mutter Karin steuerte die eine oder andere traumatische Erfahrung bei. Bald wurde klar, dass sich auch ihr die Faszination lebensbedrohlicher Grenzerfahrungen nicht immer vollumfänglich erschlossen hatte. Wir schwankten bei unseren gemeinsamen Erinnerungssessions zwischen Lachen, Euphorie und ungläubigem Staunen. Aus diesen Treffen stammen auch die Fotos, Dias und eher matschigen Blow-Ups aus den alten Super-8-Filmen, mit denen wir später alles dokumentierten.

Die folgende Geschichte ist ein gutes Beispiel für die kollektive Erinnerung der gesamten Familie. Erst durch das Gespräch wurde aus bruchstückhaften Bildern hoher Wellen und einem seltsamen Gefühl drückender Hitze mit einhergehendem Schwindelgefühl und jäher Dunkelheit ein zusammenhängendes Stück Vergangenheit, das ich Ihnen auf keinen Fall vorenthalten möchte. Ich wünsche Ihnen viel Spaß beim Lesen des nun folgenden Kanons an Berichten mit dem Überthema »Bootfahren«. Hätte ich mich damals schon so für mythologische Geschichten interessiert wie heute, ich hätte schon als Kind immer eine Münze für den Fährmann dabeigehabt ...

Drei Kammern
sollst du haben ...

... wenn du ein Schlauchboot bist. Und wenn du ein gutes Schlauchboot bist, dann möge jede einzelne dieser Kammern zur Not in der Lage sein, dich zurück in den sicheren Hafen zu tragen. Oder an den halbwegs sicheren Strand. Oder die scheißgefährliche Felsenküste, egal, alles ist besser als irgendwo da draußen auf dem Meer zu treiben. Aber ich greife vor.

Nach einer ersten von vielen folgenden äußerst unbequemen und mückengeplagten Nächten strotzte mein Vater immer schon in der Früh vor Tatendrang. Eines Tages richtete er seinen morgendlichen Urlaubsaktionismus in Richtung unseres Schlauchbootes ...

Nur kurze Zeit später war unser stolzer Schwan auch schon ausgepackt, ausgerollt und aufgepumpt und wurde in sinnloser Hektik mit Dingen beladen, die man wiederum in drei Kategorien einteilen kann:

1. Dinge, die man dringend braucht.
2. Dinge, die man brauchen könnte.
3. Dinge, die man ganz sicher nicht braucht.

In Kategorie 1 fallen solch essenzielle Objekte wie Ruder, Sonnenschirm und Trinkwasser. Kategorie 2 wäre zum Beispiel eine Schaufel. Irgendwie gut, wenn man eine dabeihat, vermittelt sie doch das Gefühl, für irgendwas gerüstet zu sein, ohne dass man jetzt genau wüsste, wofür; sicher ist nur: Man braucht sie nie. Kategorie 3 allerdings kann ich nicht beschreiben, denn ich weiß bis heute nicht, was in diesen Beuteln und Taschen eigentlich drin war. Ausgepackt habe ich sie nie gesehen, denn wir brauchten sie kein einziges Mal. Trotzdem wurden all diese Behältnisse zum Boot getragen, im Boot verstaut und nach dem Ausflug wieder aus dem Boot geholt und in einer Ecke des Vorzelts deponiert. Ich muss bei Gelegenheit mal nachfragen, was da eigentlich drin war. Schaumstoffchips vielleicht.

Papis ganzer Stolz war aber nicht nur das dank drei Kammern völlig unsinkbare Schlauchboot der Firma Metzeler, oh nein: Papis ganzer Stolz war der (*Tusch*) Außenbordmotor!

Dieses Präzisions-Kraftpaket der Firma Mac – die sonst Rasenmäher herstellte – hatte ein jämmerliches PS und trieb aus einem unerfindlichen Grund eine Schraube an, die nur zwei Flügel hatte. Dazu gleich noch mehr beziehungsweise noch weniger.

Erst einmal muslöffelten wir uns über den milden Wellengang hinüber zu einer kleinen Insel, die meinen Vater schon seit Tagen keck fordernd angelächelt hatte. Nach nur zwanzig Minuten waren wir tatsächlich auch schon angelandet und verbrachten einen erschreckend harmonischen Tag auf diesem Eiland. Ich weiß nicht mehr, was wir dort gemacht haben, vermutlich gar nichts, und somit war ich sogar einigermaßen entspannt, als es gegen Nachmittag Zeit wurde für die Rückfahrt.

Da entstieg auch mein Vater in Schnorchelausrüstung breit grinsend dem Meer und wollte gerade die üblichen Schauermärchen von Muränen, Feuerfischen und anderem Getier einleiten, als er von einer wirklich ziemlich hohen Welle unterbrochen wurde, die sich scheinbar komplett in seinen Schnorchel ergoss und ihm erst mal einen Hustenanfall bescherte. Während Papi tauchen gewesen war, hatte sich nämlich der Wellengang verachtfacht – sowohl von der Heftigkeit als auch von der Höhe. Zum ersten Mal nahmen auch Mami und ihr kleiner Sohn wahr, dass die Wellen deutlich höher waren als Papi und sich somit die Frage stellte, wie wir eigentlich das Schlauchboot wassern wollten.

Eine Mischung von Abfälligkeit und Amüsement in unsere Richtung hohnlachend, patschte mein Vater in seinen Flossen über den Strand und schnurstracks auf das Schlauchboot zu, welches gemütlich in der Sonne vor sich hin trocknete. Mami und mir war klar, dass er uns jetzt vorzuführen gedachte, wie problemlos dies alles vonstattengehen könne, wenn man sich nicht so hasenfüßig aufführte. Also rafften wir all unseren Kram aus Kategorie 1, 2 und 3 zusammen und machten, dass wir in das Boot kamen.

Mein Vater sah uns einen Moment lang stumm an, wie wir da in dem Boot hockten – das allerdings noch ein paar Meter vom Wasser entfernt war –, bereit, in die Wellen hinausgeschoben zu werden. Dann seufzte er, wie nur Väter seufzen können, und bewies uns abermals, dass ein passionierter Rennradfahrer eben auch was in den Oberarmen haben muss. Denn er zog uns doch tatsächlich über den Strand hinunter bis zu der Stelle, an der der Sand schon dünn vom Wasser benetzt war. Dann verschluckte ihn eine Welle und uns auch.

Hustend und alle Körperöffnungen randvoll mit Sand und Steinchen strampelte ich mich in die Richtung, die sich nach Oberfläche anfühlte. Da ergriff mich auch schon mein Vater und schmetterte mich eher ins Boot, als dass er mich hob. Meine Mutter und der größte Teil von Kategorie 2 und 3 waren bereits gerettet. Gerade als Papi das Boot auch besteigen wollte, kenterten wir ein zweites Mal.

Um Sie jetzt nicht zu langweilen, mache ich es auch hier kurz: Wir kenterten noch ein drittes, viertes und ein fünftes Mal, und jedes Mal musste jede Kategorie Federn lassen. Wir selbst waren bald am Ende der Kräfte, aber die Alternative wäre gewesen, eine Nacht alleine auf dieser winzigen Insel zu verbringen, und das wollten wir erst recht nicht. Also kämpften wir weiter gegen die Wellen, und mein Vater vergaß bei all der Anstrengung sogar kurzzeitig, so zu tun, als sei das alles ein großer Spaß.

Schließlich erkannte mein Vater unsere einzige Chance darin, hinauszuschwimmen, bis sich die Wellen nicht mehr brachen, und erst dort das Boot zu besteigen. Meine Mutter und ich verschnauften kurz am Strand, während mein Vater das Boot ein weiteres Mal mit allem belud, was noch nicht abgesoffen war, und sich mit einem entschlossenen Grunzer abermals in die Fluten stürzte. Mit der einen Hand schwamm er, und mit der anderen hielt er den seitlichen Gummigriff des Bootes wie ein Schraubstock umklammert. Es ist nur seinem unbeugsamen Willen zu verdanken, dass er nach etwa zwanzig Minuten tatsächlich den Wellenkamm durchbrach und uns hektisch zuwinkte, ihm nun zu folgen.

Es tut mir leid, dass ich an dieser Stelle gar nicht genau sagen kann, wie meine Mutter und ich es schafften, über die meterhohen Wellen zum Boot zu gelangen, aber vielleicht waren es mangelnde Alternativen, die uns dazu befleißigten, nicht aufzugeben. Zudem hatte mein Vater es mit nur *einem* Arm und einem Schlauchboot im Schlepptau geschafft, insofern musste es auch mit zwei Armen und ohne Anhängsel menschenmöglich sein.

Wie auch immer, wir fanden uns nach einer halben Stunde hartem Kampf gegen das Meer doch tatsächlich alle im Schlauchboot wieder, und das auch noch jenseits der Wellenkämme. Stolz auf seine Familie und mit einem schiefen Grinsen, das uns signalisieren sollte, dass er über die Natur ein weiteres Mal triumphiert hatte, zog mein Vater an der Reißleine für den Außenborder. Ich lasse Gnade walten und verrate lieber gleich, was Sie schon ahnen: Als der Motor nach wirklich, wirklich vielen Versuchen endlich ansprang, waren wir schon längst wieder auf der bösen Seite der Wellen, und so währte die Freude über das kurze Spotzpotzpotzpotzpotz nur genau so lange, wie man braucht, um diese Lautmalerei laut vorzulesen.

Dann spülte uns eine besonders hinterlistige Welle so an den Strand zurück, dass der Motor wieder ausging und außerdem mit der Schraube so hart aufsetzte, dass von den zwei ohnehin schon knapp bemessenen Flügeln eine abbrach.

Dies bewog meinen Vater dazu, einen weniger subtilen Ansatz zu verfolgen. Er brüllte uns ein »Festhalten, aber g'scheid« zu, das keinen Widerspruch duldete, und ergriff die Rückseite des Bootes. Mit dem Mut oder besser: der Wut der Verzweiflung wuchtete er uns nun zusammen mit einem wilden Urschrei mitten in den nächsten Brecher, und wir konnten nichts anderes tun, als uns panisch festzukrallen. Tatsächlich tauchten wir nur Sekunden später jenseits der Welle auf, und schon wuchtete sich mein Vater entschlossen ins Boot. Dann schnappte er sich eins der Ruder und begann zu rudern, als wäre der Teufel hinter uns her. Meine Mutter wollte ihn dabei unterstützen, fand aber kein zweites Ruder vor. Das hatten wir zusammen mit allem anderen aus Kategorie 1 bereits vor einer Stunde verloren. Also musste mein Vater immer auf einer Seite zwei Schläge rudern, dann auf der anderen Seite und so weiter, damit wir uns nicht im Kreis drehten. Als wir wieder ein paar Meter gutgemacht hatten, stürzte er nach hinten zu dem Ding, das eigentlich ein Rasenmäher hätte werden sollen, und schaffte es auch, ihn nach vier oder fünf Versuchen tatsächlich zu starten. Das machte nur leider keinen Unterschied. Denn dank des abgebrochenen Flügels hatte der Mac-Motor jetzt nur noch ein halbes PS, und das ist wahrlich nicht viel. Vor allem dann nicht, wenn der Motor dank des hohen Wellengangs die Hälfte der Zeit nur salzige Seeluft verquirlt.

Das war der Moment, in dem ich wieder Durchfall bekam. Keine Ahnung warum, aber so war es, und meine Mutter schwört bis heute, dass das nichts als die Wahrheit ist. So trudelten wir also mit nur einem Ruder, nur einem Schraubenflügel und jeder Menge Dünnschiss einer ungewissen Zukunft entgegen, denn ob wir tatsächlich die richtige Richtung zurück an Land zu unserem Standplatz eingeschlagen hatten, war angesichts der inzwischen vier bis fünf Meter hohen Wellenwände nicht zweifelsfrei auszumachen.

Es war Nacht, als mein Vater mit Blasen an beiden Händen endlich das blutverschmierte Ruder aus den verkrampften Fingern fallen ließ und aus dem Schlauchboot stieg. Tatsächlich hatten die drei Kammern des Bootes gehalten, und nur die Luft aus dem Boden war entwichen, so dass wir die letzten Stunden in einer Art Gummihängematte gesessen hatten, die angefüllt war mit einer Melange aus Meerwasser, Material der Kategorien 2 und 3 und … dem, was ich sonst noch dazu beigetragen hatte.

Und so schob mein Vater das Schlauchboot mitsamt seiner Familie darin im flachen Wasser die etwa fünf Kilometer zurück zu unserem Standplatz …

Wir hielten danach nur noch wenige Tage aus, denn dann sah sogar mein Vater ein, dass ich einfach zu krank für einen Urlaub war und wirklich dringend einen Arzt brauchte. Meine Freude kannte keine Grenzen.

Albern kentern leichtgemacht

M ein Vater hat ganz offensichtlich eine Obsession für Boote. Das könnte daher rühren, dass er vor meiner Zeit mit seinen wahnsinnigen Freunden Wago, Tom-Tom und dem Bichler Hansi über die Weltmeere gesegelt ist und diese Reisen zu den großartigsten Erlebnissen seines Lebens zählen. Es könnte aber auch sein, dass er nur deswegen mit seinen wahnsinnigen Freunden Wago, Tom-Tom und dem Bichler Hansi über die Weltmeere segelte, weil er eine Obsession für Boote hat. Oder er hat eine Obsession für Boote, weil er heute eben nicht mehr mit seinen wahnsinnigen Freunden Wago, Tom-Tom und dem Bichler Hansi über die Weltmeere segelt und doch so wahnsinnig gerne mal wieder mit ebendiesen Freunden über ebenjene segeln würde.

Wie dem auch sei, auf jeden Fall führten wir auf allen Campingurlauben immer ein Boot mit uns.

Interessant ist der Umstand, dass sich die Qualität des mitgeführten Bootes indirekt proportional zur Verwendung verhielt. Soll heißen, je besser das Ding, desto weniger wurde es verwendet. Mit dem alten Schlauchboot ruderten oder tuckerten wir ein Jahrzehnt hindurch ununterbrochen von Insel zu Insel oder von Bucht zu Bucht, wenn wir nicht gerade um Hilfe schrien. Das spätere komfortable Kunststoffboot mit Rudern, Außenbordmotor und Besegelung jedoch wurde im Wesent-

77

lichen als Anhänger für Konserven, Teppiche und Zeugs benutzt.

Ich vermute mal, dass mein Vater in dem Moment den Spaß am Bootsfahren verlor, als damit keine Strapazen mehr verbunden waren. Das Kunststoffboot mit dem hübschen Namen »Flautilus« war nämlich konstruktionsbedingt unsinkbar, und allein dieser Umstand hat meinem Vater wohl den Spaß an der Sache genommen.

Vielleicht war das auch der Grund, warum er bei seinen seltenen Segelausflügen mit dem Ding dann auch konsequent versuchte, es zum Kentern zu bringen. Am eindrucksvollsten misslang ihm das auf dem pittoresken, kleinen Riegsee bei Murnau. Nachdem er eine halbe Stunde bei nahezu Windstille hin und her gezeitlupt war – was ihm den Spott des gesamten Strandes auf beiden Seiten des Sees einbrachte –, war ihm die Freude am Segeln dann endgültig vergangen, und er steuerte die Anlegestelle an. Dort zog er vorschriftsmäßig wegen des flacher werdenden Wassers das sogenannte Schwert heraus. Dies stellte bei dem ansonsten flachbödigen Boot nämlich den Tiefgang dar, der nötig war, wenn man damit segeln wollte. Ohne das einen Meter lange und etwa dreißig Zentimeter breite Schwert aus lackiertem Holz wäre die *Flautilus* beim ersten Windstoß umgekippt. Aus unerfindlichen Gründen kam genau in dem Moment ein solcher und warf das Boot mitsamt meinem Vater darin direkt neben dem Steg um. Mit einem vernehmlichen Platscher landete das Segel auf der Wasseroberfläche und saugte sich dort sofort fest. Vielleicht wollte unsere *Flautilus* nach so vielen Jahren als Packesel einfach noch ein bisschen im Wasser bleiben.

Kaum aufgetaucht, erinnerte sich mein Vater auch schon an

die Gebrauchsanweisung, in der stand, dass man sich in diesem Fall auf das Schwert stellen und mit den Händen an der Reling das eigene Gewicht wie bei einer Wippe einsetzen sollte, um so das Boot wieder aufzurichten.

Der Umstand, dass einem ein solches Malheur ausgerechnet an einer Stelle passierte, wo die Wassertiefe nicht ausreichte, um das Schwert wieder einzusetzen, war den Konstrukteuren wohl nicht in den Sinn gekommen. Wer kentert schon zwei Meter vom Ufer entfernt?

So musste mein Vater das liegende Boot mitsamt gewassertem Segel also erst einmal in tiefere Gefilde des Riegsees schieben, was ihm wohl nur deshalb gelang, weil er die Möglichkeit des Scheiterns nicht in Betracht zog.

Dort setzte er das Schwert wieder in die mittige Lücke des liegenden Boots ein und machte sich daran, die Anweisungen auszuführen. Er ergriff die Bordwand, stellte sich auf das rutschige Holz und begann zu schaukeln …

Wenn ich an diesen Anblick zurückdenke, beginnt in meinem Kopf sofort die Titelmusik von »Benny Hill«. Ich hätte damals ja so gerne mitgelacht mit den vielen, vielen Menschen am Strand, auch auf ihn gezeigt und dabei »Seht ihn an!« gebrüllt, aber leider war das nicht möglich, denn ich war in direkter Linie verwandt mit diesem tragikomischen Wasserclown. Stattdessen versenkte ich mich in mein *Lustiges Taschenbuch* und las die eine Sprechblase immer und immer wieder, ohne deren Sinn wirklich zu durchdringen.

Schließlich schaffte mein Vater es tatsächlich vermittels dieser beschämenden Methode, das Boot wieder aufzustellen. Schaukelsystembedingt hatte das zur Folge, dass er in dem Maße erst einmal unterging, wie der Mast nun in die Höhe ragte.

Als mein Vater wieder auftauchte, war er vermutlich ebenso erstaunt wie wir alle, dass das Boot tatsächlich wieder mit dem Mast nach oben auf dem Wasser stand. Sofort schwang er sich mit der Grazie eines Vanillepuddings über den Rand des Bootes und landete in einer Art Badewanne. Als er auch hier wieder auftauchte, brandete tosender Applaus auf von den Rängen der leicht ansteigenden Liegewiese. Mein Vater wollte Stil beweisen, stellte sich aufrecht mitten in die Jolle, verbeugte sich tief und deutete dann mit beiden Händen präsentierend auf das Boot, als wäre die *Flautilus* sein phantastischer Sketchpartner, ohne den das alles nicht möglich gewesen wäre. Der dankte es ihm mit einem hämischen Schlag des Segelbaumes in die Kniekehle, was in diesem Moment fast so wirkte, als wäre der Weißclown eifersüchtig auf den August.

Bis heute sehe ich das Bild aus dem *Lustigen Taschenbuch* vor mir, in dem Kater Karlo Micky Maus am Kragen hochhebt. Es hat sich für immer in meine geistige Netzhaut eingebrannt, so sehr hatte ich es angestarrt.

Mein Vater wasserte die *Flautilus* auch erst wieder im nächsten Sommerurlaub in Heißundscheißeland beim Wildcamping, weil er dort sicher sein konnte, dass niemand aus der Gegend um Murnau anwesend war.

Angriff der
drei Kammern

Die nun folgende Geschichte kenne ich sogar nur aus Erzählungen meiner Eltern, denn ich war damals nicht viel älter als drei. Während meine Mutter sich immer noch darüber echauffieren kann, wie dramatisch das hätte enden können, muss mein Vater sich immer die Lachtränen aus dem Gesicht wischen. Ich lache auch, aber es hat eine leicht hysterische Komponente.

Es ging los mit der Rückkehr von einem unserer Schlauchboot-Ausflüge. Wir waren mal wieder bei grenztödlichem Wellengang zurückgepanikt, und die ein oder andere Welle hatte uns ganz gut erwischt, also musste mein Vater das Boot natürlich zuallererst einmal ausleeren, bevor er es zum Trocknen auf den Strand zerren konnte. Das dickwandige Boot maß dreieinhalb Meter in der Länge und etwa eins zwanzig in der Breite, somit war ein Umsturzversuch mit gehörigem Kraftaufwand verbunden. Diesen vollbrachte mein Vater meist zusammen mit einem weithin hörbaren gutturalen Urschrei, damit auch wirklich jeder zusah.

Wenn er dem Meer dann zurückgegeben hatte, was des Meeres war, krabbelte er unter das umgedrehte Boot und hob es kraft seines Rückens am Bug in die Höhe. So zerrte er es dann über den steinigen Strand bis zu einer passenden Stelle.

Erstens sollte ja die Flut das Boot nicht erreichen, und zweitens musste die Sonne möglichst prall und schattenlos darauf scheinen, um es bis zum Anbruch der Nacht getrocknet zu haben. An dieser Stelle angekommen, tauschte er sich selbst mit einem der Ruder aus, damit das Boot schräg stand und wirklich alles Wasser abfließen konnte.

Meine Mutter hatte mich inzwischen zentimeterdick mit einer Après-Lotion eingeschmiert und dann in den Schatten unseres Bambuszauns auf eine der Liegen gebettet. Bei unserer Rückreise von der nachbarlichen Bucht hatte ich nämlich bereits erste Anzeichen eines Sonnenstichs gezeigt und war am Ende reichlich desolat im Boot herumgekugelt.

Nachdem sie mich verarztet hatte, winkte sie meinem schwitzenden Vater, der schon wusste, was nun kam: Da meine Mutter das Salzwasser nicht vertrug und davon in der Sonne immer einen fiesen Ausschlag bekam, musste sie sich nach Meerkontakt nämlich immer mit Trinkwasser abwaschen. Dies geschah dergestalt, dass mein Vater den mächtigen Wasserkanister über ihren Kopf heben und dann zusehen musste, wie das mühsam erschleppte Nass literweise zwischen den Steinen versickerte.

Doch bevor er wieder einmal über die Hälfte des Wassers über dem Kopf meiner Mutter ausgekippt hatte, hatte er plötzlich eine ziemlich gute Idee. Und wie mein Vater so ist, wenn er eine Idee hat, begann er sofort mit der Umsetzung: Er schnappte sich die kleinste unserer drei Luftpumpen – einen armseligen Blasebalg, der schon mit dem Aufpumpen von Schwimmflügelchen an seine Grenzen stieß –, um ihn zusammen mit ein paar Metern Schlauch, ein paar Gasklemmen und zehn Rollen Paketklebeband in eine Art Pumpdusche zu verwandeln. Vielleicht erhoffte er sich von dieser Konstruktion, dass meine

Mutter deutlich weniger Wasser verpritscheln würde, wenn sie es selbst mühsam aus dem Kanister in einen undichten Schlauch fußeln musste.

Nun denn, auf jeden Fall dauerte das Ganze dann doch etwas länger als geplant, während meine Mutter ungeduldig zusah und dabei bereits erste allergische Hautrötungen entwickelte.

In dieser allgemeinen Anspannung schien wohl niemand auf mich geachtet zu haben, denn inzwischen war die Sonne etwas höher gestiegen, und mein ehemaliger Schattenplatz auf der Liege war nun eine Sonnenbank mit Turbo-Gesichtsbräuner und kaputter Lüftung.

Wie meine Eltern aber erleichtert bemerkten, musste ich das wohl trotz meines geleeartigen Zustands selbst erkannt haben, denn ich lag nicht mehr dort, wo meine Mutter mich gebettet hatte. Aber leider lag ich auch nicht im Vorzelt oder im VW-Bus oder sonst irgendwo anders. Ich war verschwunden.

Sofort ließ mein Vater seine Bastelarbeit fallen, und meine Mutter vergaß in ihrer Aufregung ihren juckenden Ausschlag. Geschlagene zweieinhalb Stunden durchkämmten meine Eltern immer und immer wieder meinen Namen rufend die gesamte umliegende Gegend, krochen durch das dornige Unterholz hinter unserem Standplatz und kletterten sogar auf die Felsen am Rand der inzwischen flutumtosten Bucht, um weiter sehen zu können. Es half nichts. Ich blieb wie vom Erdboden verschluckt.

Als die Sonne unterging, waren beide begreiflicherweise völlig mit den Nerven am Ende und befürchteten bereits das Schlimmste. Und da war es mit Ertrinken noch lange nicht getan! An einem »urigen« Ort wie diesem präsentierte sich einem dreijährigen Kind eine ganze Reihe theoretischer Todesarten!

Mein Vater hatte seine Beruhigungsversuche längst aufgegeben und war selbst schrecklich besorgt. Meine Mutter war in Tränen aufgelöst. Erschöpft sank sie auf dem steinigen Strand nieder und schlug die Hände vors verpustete Gesicht. War der ungewöhnlich lautstarke Protest ihres sonst so stillen und in sich gekehrten Sohnes in den Tagen vor der Abreise vielleicht so etwas wie eine Vorahnung gewesen? Hatte er geahnt, dass dies bereits die letzte Fahrt vor der ganz großen Reise sein würde?

Da kehrte auch mein Vater völlig zerkratzt und zerschunden von seinem Ausflug unter die Dornenbüsche zurück, ebenfalls ohne seinen Sohn. Er sank neben seine Ehefrau, und kurz wurde die einsame und ach so urige Bucht heimgesucht von der verzweifelten Stille zweier junger Eltern …

… und einem schwachen Jammern, das irgendwo vom Strand herkam.

Wie Sie anhand der Existenz dieses Büchleins selbst herleiten können, war ich noch am Leben. Es ging mir allerdings nicht sonderlich gut. Auf der Suche nach einem schattigen Plätzchen hatte ich mich nur wenige Meter weiter den Strand hinuntergeschleppt und war schnell fündig geworden. Leider wurde mir dieser Ort recht unerwartet zum Verhängnis. Denn kaum war ich in den kühlen Schatten unter das aufgebockte Schlauchboot gekrochen, war das Ruder auch schon aus dem Bug gerutscht, und dreieinhalb Meter gummiertes Gewebe nagelten meinen Körper für die nächsten zweieinhalb Stunden auf dem steinigen Boden fest. Es war nur dem glücklichsten aller Zufälle zuzuschreiben, dass ausgerechnet die Stelle, an der ich mit dem Kopf aufschlug, vorrangig aus Sand bestand und ich trotzdem atmen konnte.

Weniger gut war natürlich, dass sich der ideale Trockenplatz für das Boot wie bereits erwähnt an einem der schattenlosesten Orte des gesamten Strandes befand. Kaum war die letzte Feuchtigkeit verdunstet, heizte sich das Schlauchboot auf wie ein römischer Feuertopf, und mich natürlich mit. Ich hatte aufgrund der Hitze zeitweise die Besinnung verloren. Vielleicht ist das auch der Grund, warum ich mich heute nicht mehr daran erinnere und auch keine Angst vor beengenden Orten davongetragen habe.

Mit erleichterten Freudentränen in den Augen befreite mich mein Vater aus dem dröhnend heißen Gefängnis. Ich sah nicht gut aus. Hatte ich nach unserer täglichen Bootsfahrt schon einen etwas abwesenden Eindruck gemacht, so glich ich nun einer lobotomisierten Dörrpflaume. Aber die Freude über meine Wiederkehr überwog natürlich, und nachdem meine Eltern mich mit literweise Trinkwasser von innen und außen durchgespült hatten, ging es mir bald schon etwas besser, und ich konnte sie schon wieder aus trüben Augen mustern.

So endete dieser Tag trotz meines bampfigen Gesamtzustandes doch in maßloser Erleichterung, und ich empfinde es bis heute als gerecht, dass mein Vater dann noch in der Nacht losziehen musste, um den Dreißig-Liter-Kanister wieder mit Trinkwasser zu füllen.

Zum Thema Bootfahren hatte meine Mutter noch eine Anekdote beizutragen, die sie mit den Worten »Da dachte ich, du wärst er-

soffen, Werni« höchst effektiv einleitete. Eine halbe Stunde später war auch diese Geschichte in ihrer Gänze restauriert und sogar durch Fotomaterial untermauert.

Da sich diese Begebenheit ziemlich genau neun Monate vor meiner Geburt ereignete und somit essenziell mit meiner Existenz auf Erden verknüpft scheint, überlasse ich es ein weiteres Mal meinem Vater, diese Geschichte zu Papier zu bringen. Mir erscheint es auch nur recht und billig, dass mein Vater den Zyklus »Bootfahren« zum Abschluss bringt und so ganz nebenbei beweist, dass meine Anwesenheit nicht zwingend erforderlich war für urlaubstechnische Eskalation.

Felsen, Wulst und Wellen
von Werner Krappweis

Im Jahr 1971 fuhr ich mit meiner neuen Freundin Karin nach Kroatien, das ja damals noch Jugoslawien war. Diese Freundin sollte später meine Ehefrau, Mutter meiner beiden Söhne Tommy und Nico sowie schließlich meine Ex-Frau werden. Von Letzterem waren wir zu dieser Zeit noch denkbar weit entfernt.

Als überzeugter und eingefleischter Campingfan wollte ich ihr unbedingt gleich am Anfang unserer Beziehung die wunderbaren Freuden des Campinglebens nahebringen und war darum wild entschlossen, für uns den großartigsten, urigsten und romantischsten Standplatz Jugoslawiens zu finden.

Ein paar Tage Autofahrt später glaubte ich schon, dass es an der ganzen jugoslawischen Küste keinen einzigen Campingplatz geben würde, der diesen Vorstellungen wenigstens einigermaßen entsprach. Doch dann war mir das Glück doch noch hold, und es war einmal mehr eine dieser unscheinbaren Seitenstraßen, die uns direkt an einen der wunderschönsten Orte führte, die ein deutsches Camperpärchen jemals hätte finden können. Es war zwar kein Wildcamping, aber da wir ja mit einem Karmann-Ghia-Zweisitzer unterwegs waren und somit allzu unwegsames Gelände ohnehin nicht zu bewältigen gewesen wäre, war ich ganz froh darüber. Zudem gab es in nicht allzu weiter Ferne fließendes Wasser und rudimentäre sanitäre Anlagen.

Wir bauten unser Zelt etwas abseits von den anderen ganz am Rande des Campingplatzes auf. Unser Glück war dabei noch, dass wir ganz vorne in der ersten Reihe direkt am Meer stehen konnten. Es war wirklich genau so, wie wir es uns in unseren Träumen immer vorgestellt hatten. Oder, um genauer zu sein, wie zumindest ich es mir in meinen Träumen vorgestellt hatte.

Während meine Freundin natürlich viel lieber an einem Sandstrand gewesen wäre, war ich glücklich über das felsige, zerklüftete Ufer, das ja zum Schnorcheln und Tauchen viel interessanter war.

An einer Stelle zwischen den Felsen gab es für die Badegäste außerdem eine nicht sehr breite, aber immerhin recht eben betonierte Plattform. Von dort aus konnte man über zwei Eisenleitern in das geheimnisvoll düstere Meer hinunterklettern. Je nach Wasserstand waren das zwischen einem und zwei Metern. Man war aber gezwungen, gleich loszuschwimmen, da es sofort sehr tief wurde.

Es gab natürlich auch die Möglichkeit, von der Plattform aus direkt ins Wasser zu springen.

Das war deshalb von großem Vorteil, weil man dadurch der Gefahr entging, in einen der unzähligen Seeigel zu treten, die es sich auf den unteren Sprossen bequem gemacht hatten.

Wir hatten im Übrigen sehr schnell den Eindruck gewonnen, dass man uns insgesamt eher als eine Art Eindringlinge sah. Dieser Campingplatz war nämlich vorrangig von Einheimischen okkupiert, und fast schien es so, als wolle man hier keine Gäste von egal woher, die dann vielleicht anderen von diesem wunderschönen Ort erzählen würden, woraufhin die Einheimischen diesen Platz mittelfristig an den Tourismus verlieren würden. Und so wurde es eben doch immer abrupt still, wenn wir am Morgen ebenfalls unsere Badetücher auf dem Beton plazierten, und es dauerte auch immer ein paar entscheidende Sekunden zu lang, bis man uns Platz machte, damit wir zu der Leiter vordringen konnten. Mir fiel es vergleichsweise leicht, das zu ignorieren, denn bei mir überwog die Freude über dieses urwüchsige Fleckchen Erde – von dem Betonstrand einmal abgesehen – und die Tatsache, dass wir es gefunden hatten.

Meiner Freundin Karin aber machten die versteinerten Mienen tagaus, tagein doch sehr zu schaffen. Die Freude am Camping wurde ihr dadurch sichtlich mehr und mehr verleidet. Das galt es natürlich um jeden Preis zu verhindern, schließlich war ich mit diesem Urlaub ja angetreten, um ihr das genaue Gegenteil zu beweisen!

Da fiel mir plötzlich ein, wie ich genau dadurch die Vorteile des Campingurlaubes auf ganz andere Art und Weise unter Beweis stellen konnte: Jetzt kam mir nämlich zugute, dass mein Freund Wago so nett gewesen war, mir sein großes Profi-Schlauchboot zu leihen.

Unter den eisigen Blicken meiner missgünstigen Mitcamper entrollte ich also eines Mittags das riesige, orange gummierte Gewebe und klemmte mich hinter die Kolbenpumpe.

Wenig später blockierten über drei Meter Schlauchboot den knapp bemessenen Platz des Betonquadrats und wurden von allen Seiten mit einer Mischung aus Neid und Ablehnung beäugt. Das war mir nur recht, und ich notierte mit grimmiger Befriedigung, wie einer der Badegäste sein lächerliches Gummiboot jenseits des Betonplateaus plazierte, um einem direkten Vergleich mit unserem stolzen Schwan so aus dem Weg zu gehen.

Trotzdem oder gerade deswegen fanden sich schließlich genug zupackende Hände, die mir dabei halfen, das Boot über die Eisentreppe hinunter zu Wasser zu lassen. Meine Freundin murmelte etwas von »Die wollen uns loswerden ...«, als sie auf ihren damals modernen Plateau-Korksohlen etwas unsicher von der Leiter in das Boot kletterte, und lag damit wohl gar nicht so falsch.

Das Meer war an diesem Tag glatt wie ein Spiegel.

Im Boot lag neben einer Picknickdecke noch eine wasserdichte Tasche mit dem notwendigen Geschirr, dazu Kaffee und Kekse und zusätzlich zu den Tauchersachen natürlich noch der unvermeidliche Wasserkanister.

Meine Freundin Karin saß vorne im Bug und sonnte sich. So beladen ruderte ich quer über eine weite Bucht zu einer ziemlich weit entfernten Landspitze.

Wir fanden bald ein sehr nettes ebenes Felsplateau, wo wir ganz alleine waren und völlig ungestört nackt in der Sonne liegen konnten.

Als wir gerade unseren Kaffee tranken, kam etwas Wind auf. Erst waren wir über die willkommene Abkühlung froh.

Aber als der Wind an Stärke immer mehr zunahm und auch die Wellen immer höher wurden, bekam meine Freundin erhebliche Bedenken und drängte mich, doch bitte zurückzurudern.

Obwohl ich mir insgeheim auch ein bisschen Sorgen

machte und außerdem schon ahnte, dass wir auf der Heimfahrt gehörigen Gegenwind haben würden, blieb ich ganz
cool. Ich trank erst in aller Ruhe meinen Kaffee aus, bevor
ich anfing, alles gemächlich im Boot zu verstauen. Es galt
jetzt, Ruhe auszustrahlen, um Karin nicht das Gefühl zu geben, dass die Zeit drängte oder Schlimmeres zu erwarten
war.

Schließlich zog ich das Boot über den Stein zum Wasser.
Ich war dabei überaus vorsichtig, da die Felsen sehr scharf-
kantig waren. Es gab auch hier keinen wie auch immer gear-
teten Strand oder ähnliche Stellen, wo man das Boot hätte
bequem ins Wasser schieben können. Stattdessen musste
ich das große Schlauchboot möglichst weit über eine Fels-
kante bewegen und ihm in dem Moment einen Schubs geben, als das wogende Meer es erfasste.

Auf dem Bauch liegend hielt ich es nun in sicherer Entfernung vom schroffen Fels und bat meine Freundin, jetzt doch
bitte möglichst schnell in das Boot zu springen.

Aber jedes Mal, wenn sie den Versuch wagen wollte, war
das Boot entweder gerade in einem Wellental oder es wurde von der nächsten Welle mit Wucht so hoch geworfen,
dass die Gischt ins Boot und auch über mich schwappte. Es
wurde auch zunehmend schwierig, auf dem nassen Felsen
Halt zu finden, gleichzeitig das Boot nicht loszulassen und
es doch auf Abstand zu halten. Durch die sich an den Felsen
brechenden Wellen war es zudem schwer, sich zu verständi-
gen. Einige Liter davon hatte ich auch bereits verschluckt.
Langsam wurde ich ungeduldig. Mit dem nackten Bauch auf
dem rauhen Steinboden und das tanzende Boot nur mit
Mühe im Griff, rief ich somit wahrscheinlich etwas zu laut,

sie sollte sich jetzt nicht so blöd anstellen und endlich springen.

Das war Karin zu viel.

Sie stand nur bewegungslos da, und Tränen der Verzweiflung liefen über ihre Wangen. Sofort tat es mir leid, und ich rief ein paar beruhigende Worte durch das prasselnde Wasser. Gleichzeitig versuchte ich nun, das Boot vorsichtig etwas näher an das Ufer zu ziehen, um ihr das Einsteigen zu erleichtern.

Wie um mich zu bestrafen, warf die nächste Welle aber das Boot mit einer solchen Wucht gegen die Felsen, dass ich es nicht mehr auf Abstand halten konnte.

Da war es auch schon geschehen! Mit einem kurzen, heftigen *Pffft* erschlaffte der rechte Wulst des eben noch so stolzen Schlauchbootes.

Erschrocken zerrten wir das Wrack aus dem Wasser, und ich sah mir den Schaden an. Ein mindestens fünfzehn Zentimeter langer waagrechter Schlitz prangte mitten in der rechten Hauptkammer, und die Luft war sofort komplett entwichen.

Nun war guter Rat teuer, und sofort ging ich in Gedanken unsere Optionen durch. Mir war klar, dass dieser Ort bald nicht mehr sicher war, da die Flut eher noch stärker werden würde. Der Landweg über die schroffen Felsen zurück in unsere Bucht war eventuell möglich, aber erstens nur ohne das Boot und zweitens nicht mit Karin auf ihren hohen Korkschuhen. Am wichtigsten war mir aber, dass sie von all diesen Überlegungen und möglichen Konsequenzen nichts mitbekam. Nach wie vor war ich wild entschlossen, alle Probleme herunterzuspielen und wenn möglich zu verlachen.

Ein erster Lösungsansatz präsentierte sich schließlich in Form eines nahenden Bootes. Sofort hüpften, winkten und schrien wir wie zwei Schiffbrüchige. Die fünf Männer an Bord sahen uns und steuerten auch sofort unseren Landeplatz an.

Da sie gerade vom Tauchen kamen, war ihr Schlauchboot schwer beladen mit Tauchgerät und dem Fang und lag tief im Wasser. Es war größer als das unsere und hatte seitliche Stoßleisten angebracht. Somit tanzte es kaum auf den Wellen und konnte so recht sicher direkt ans Ufer heranfahren. Meinen Neid auf diese wuchtige Schlauchbootfestung unterdrückend, gestikulierte ich den Tauchern, dass sie meine Freundin bitte in die nächste Bucht mitnehmen sollten. Für mich und das Wrack war beim besten Willen kein Platz mehr.

Ehe sich's meine Freundin richtig versah, wurde sie auch schon von zwei Männern gepackt und in das Boot gehoben.

Da sie nur einen Bikini und sonst nichts zum Anziehen dabeihatte, warf ich ihr noch schnell die klamme Picknickdecke hinterher.

Da gaben sie auch schon besonders posierend Gas, und es dauerte nicht lange, bis sie mitsamt meiner Freundin hinter der nächsten Landzunge verschwunden waren.

Na ja, wenigstens hatte ich nun freie Bahn und konnte mich ganz der Problemlösung widmen. Ich wusste noch von der gemeinsamen Sardinienreise mit meinem Freund Wago, dass sich in der Schublade unter der Sitzbank neben einem winzigen Anker, jeder Menge Seile und sonstigem Gerümpel auch ein kleiner Blasebalg und ein Notfalltäschchen mit Flickzeug befand.

Also machte ich mich daran, den Schaden zu beheben.

Leider waren die drei Reparaturflicken für das große Loch viel zu klein und der dazugehörige Kleber schon so zäh, dass man ihn kaum aus der Tube drücken konnte.

Trotzdem musste ich mein Glück versuchen.

Mit einem flachen Stein rauhte ich erst die Fläche rund um die Schadstelle vorsichtig auf, in der Hoffnung, dass dann der Klebstoff besser haften würde. Anschließend versuchte ich, die drei Flicken wie Fischschuppen hintereinander auf den Riss zu kleben.

Anschließend begann ich, mit dem Blasebälgchen mühsam Luft in den Wulst zu pumpen. Immer wenn ich kurz davor war, einen Wadenkrampf zu bekommen, wechselte ich das Bein.

So pumpte ich sehr lange, aber leider mit mäßigem Erfolg. Sosehr ich mich auch bemühte, das geflickte Bootsteil blieb eine wabbelige Wurst, und ich musste mit Bedauern feststellen, dass die reparierte Stelle nicht besonders dicht geworden war.

Mittlerweile brach die Dämmerung herein. Da der Wind nachgelassen hatte, beruhigte sich auch das Meer etwas.

Ich band alles, was ich mitnehmen musste, am Tragseil der intakten linken Seite fest und schob das Boot ins Wasser.

Erst versuchte ich, ganz am Rand der noch tragenden Seite sitzend, nur mit einem Ruder zu paddeln. Gleichzeitig betätigte ich mit den Füßen abwechselnd den Blasebalg, um den reparierten Wulst wenigstens einigermaßen schwimmfähig zu erhalten. Was aber, wie ich bald feststellte, vollkommen sinnlos war.

Der ganze Erfolg war nur, dass sich das Boot nach links im Kreis drehte, sich aber dabei trotz aller Anstrengung nicht nennenswert vom Ufer entfernte.

Mein nächster Versuch war, am felsigen Ufer entlangzuklettern und das Boot im Wasser mit dem Ankerseil hinter mir herzuziehen. Dazu band ich das Seil am Ende eines Ruders fest, um damit einen Abstand zu den Uferfelsen zu haben.

Dieses Vorhaben scheiterte aber auch schon nach kurzer Zeit, da ich beim Klettern immer aus meinen Badelatschen rutschte und mir auf dem scharfkantigen Gestein an den Fußsohlen mehrere blutende Schnittwunden zuzog.

Außerdem ragten einige Felsen so knapp bis unter die Wasseroberfläche, dass das Boot immer wieder hängen blieb und die Gefahr bestand, auch der Boden könnte noch aufgeschlitzt werden.

Obwohl es inzwischen dunkel wurde, war ich trotz aller Bemühungen noch keine fünfzig Meter von meinem Startplatz entfernt.

Jetzt blieb mir nur noch eine Möglichkeit: Ich legte Flossen und wegen der Wellen auch Taucherbrille und Schnorchel an, sprang ins Wasser und zog das Boot auf dem Rücken schwimmend hinter mir.

Obwohl diese Art der Fortbewegung sehr mühselig war, kam ich zwar langsam, aber dafür wenigstens stetig vorwärts.

Da ich mich wegen der Untiefen möglichst weit vom Ufer entfernt hielt, war es schon ein komisches Gefühl, in der Nacht allein im Meer zu schwimmen und dieses schwere Boot hinter mir herzuziehen.

Zwischendurch legte ich mich erschöpft auf den Holzboden des Bootes und machte eine kurze Pause.

Da ich mittlerweile bereits einige Stunden unterwegs war, möchte man eigentlich annehmen, dass ich sehr verzweifelt war.

Aber genau das Gegenteil war der Fall.

Der unheimliche nächtliche Kampf gegen das Ungewisse machte mir richtig Spaß. Ich kam mir dabei vor wie ein Schiffbrüchiger, der um sein nacktes Überleben kämpfen muss. Oder aber, als ich einmal in einer kleinen Sandbucht ausgestreckt auf dem Rücken liegend Rast machte, wie Robinson, der im Sturm auf seiner einsamen Insel strandet.

Es war lange nach Mitternacht, als ich müde, aber doch ein wenig stolz auf meine vollbrachte Leistung endlich den Campingplatz erreichte.

Ich machte die kläglichen Reste des Bootes an einer der beiden Leitern fest und ging zu unserem Zeltplatz.

Da sah ich meine Freundin.

Sie saß im Vorzelt mit einer Kerze auf dem gedeckten Tisch in Tränen aufgelöst vor einem Topf mit kalten Spaghetti.

Als ich in das Zelt trat, fiel sie mir schluchzend um den Hals. Da ich so lange unterwegs gewesen war, hatte sie schon das Schlimmste vermutet.

Ich kann mich nicht erinnern, dass mir jemals in meinem Leben Nudeln besser geschmeckt haben als diese aufgewärmten und verkochten Spaghetti in dieser Nacht. Die restlichen Stunden bis zum Morgengrauen ging es dann noch recht stürmisch zu, und ich meine nicht das Wetter. So zeigt diese Nacht für mich bis heute die faszinierende Vielfalt des Campings in aller Deutlichkeit. Von der Lebensgefahr zur Leidenschaft, vom Kampf gegen sich selbst zur Vereinigung zweier. Entspannung, Panik, Trauer, Freude und schließlich der Stolz, über die Elemente triumphiert zu haben – das bietet einem kein Hotel mit Wellnessbereich.

Dass sich aber ausgerechnet das Produkt dieser Nacht einmal als überzeugter Campinghasser herausstellen würde, ist mehr als eine Ironie des Schicksals.

Erst am nächsten Morgen versuchte ich, das Schlauchboot-Wrack über die Eisenleiter an Land zu holen. Das gelang aber erst, als einige junge Männer mit anpackten. Jetzt wurde auch klar, warum es so schwer gewesen war, das Boot durchs Wasser zu ziehen. Die Reparaturflecke waren längst verschwunden, und so hatte sich die Luftkammer schnell bis zur Hälfte mit Wasser gefüllt. Der Schaden hatte sich außerdem stark vergrößert und war nicht mehr ohne professionelle Unterstützung zu reparieren.

Niedergeschlagen ließ ich auch die restliche Luft aus den intakten Kammern und bettete das Boot zum Trocknen auf die Felsen. Dabei bemerkte ich das schadenfrohe Kichern meiner Helfer, die sicher froh waren, das orangefarbene Ungetüm auf der Liegefläche los zu sein. Das Kichern erstarb allerdings, als ich auf die entsprechende Frage eines der Männer mit Deutschkenntnissen hin beschrieb, von wo aus ich das Boot des Nächtens durchs Wasser gezerrt hatte. Je klarer ihnen wurde, was für eine Strecke ich zurückgelegt hatte, desto stiller wurden meine Zuhörer. Es stellte sich heraus, dass keiner der Einheimischen diese Strecke bisher schwimmend zurückgelegt hatte, ja niemand auf die wahnwitzige Idee gekommen wäre, das überhaupt zu versuchen. Zum einen aufgrund der reinen Entfernung und zum anderen wegen der vielen Untiefen und dem unberechenbaren Wellengang, der so manchen erfahrenen Schwimmer aus der Umgebung schon gegen die Felsen geschleudert und für immer in die Tiefe gezogen hatte.

Von diesem Tag an machte man auf dem Betonplateau immer bereitwillig Platz, wenn wir uns dort in die Sonne legen wollten.

Trotzdem, nach diesem Erlebnis war ich überzeugt, dass meine Freundin vom Camping die Nase gestrichen voll haben müsste.

Umso erstaunter war ich, als sie auf unserer langen Heimreise bereits wieder mit Begeisterung Pläne für den nächsten Campingurlaub schmiedete.

Genau neun Monate nach diesem Urlaub brachte sie einen Jungen zur Welt.

Wir tauften ihn Thomas und waren der festen Überzeugung, dass er bei diesen Eltern ganz bestimmt einmal ein begeistertes Campingkind werden würde. So kann man sich täuschen.

Zu viel Sand
ist auch nicht gut

Tatsächlich kann ich mich an einen Campingurlaub erinnern, in dem wir jede Menge Sand vor der Hüttn hatten. Das war auf der Insel Korsika. Auf dem Super-8-Film sind zwar trotzdem wieder jede Menge Felsen zu sehen, aber das liegt daran, dass mein Vater den Sandstand nicht des Filmens wert befand. Stattdessen zoomte er auf die Klippen links und rechts von der Bucht, in der wir uns befanden, und schwenkte über die schroffen Steine. Ab und zu wackelt das Bild seltsam rauf und runter, und ich deute das als ein Anzeichen tief empfundenen Seufzens.

Ich hingegen war sogar erst recht angetan von diesem Ort. Es war zwar auch irgendwie urig im Sinne meines Vaters, aber eben nicht nur. Erst konnte ich gar nicht glauben, dass wir tatsächlich einen Standplatz gefunden hatten, der auf den ersten Blick alles hatte, was das Campen erträglich machte: Schatten durch knorrige, ausladende Bäume, Sand, Sand und nochmals Sand, blaues Meer mit klarer, quallenloser Sicht bis zum sanft abfallenden, ebenfalls sandigen Boden, eine nahe Zisterne mit Süßwasser, ebenso nah die sanitären Anlagen und zu guter Letzt auch noch der tägliche Besuch eines Bäckermobils für das obligatorische Luftbrot. Unfassbar!

Trotzdem war dieser Platz noch urig genug, dass er auch meinem Vater gefiel, und das war natürlich das Allerbeste.

Hatten wir also wirklich einen Ort gefunden, an dem mein Vater und ich wenigstens friedlich koexistieren konnten? Unfassbar.

Man ahnt schon, dass das so nicht bleiben würde. Ansonsten hätte ich diese Anekdote ja auch weglassen können, denn sie würde nur die Polemik trüben. Nein, es passierten mehrere Dinge gleich in den ersten vierundzwanzig Stunden, die mir für den Rest des Urlaubs auch selbigen gaben.

Episode eins ereignete sich, als mein Vater mir einen Plastikeimer an einem Seil in die Hand drückte, mit dem ich aus der Zisterne Süßwasser holen sollte. Ich war zu dem Zeitpunkt etwa sechs Jahre alt, also durchaus in der Lage, den Eimer in den Brunnen zu werfen und halb gefüllt wieder hochzuziehen. Ich weiß nicht mehr, wozu er das Wasser brauchte, aber da wir durch die täglich mehrfachen Duschen von Mami wegen ihrer Salzwasserallergie eigentlich nie genug Wasser hatten, habe ich vermutlich gar nicht gefragt.

Ich machte mich also auf den Weg durch die Korkbäume zu dem Steinbrunnen. Der stand nur fünfzig Schritte entfernt mitten auf einer Lichtung und sah aus wie der Brunnen aus dem Märchen vom Froschkönig. Nun war der Rand des Brunnens aber recht hoch, so dass ich nicht hineinsehen konnte. Aber dafür hatte ich eine Lösung. Ich wickelte mir das eine Ende des Seils zur Sicherheit um das Handgelenk und warf dann schwungvoll den Eimer über den Rand.

Ich erwartete ein einmaliges Platsch.

Ich bekam ein anhaltendes BongGongGiDongDong.

Es klang, als würde der Eimer dort unten hin- und hergeworfen. War da etwa Wellengang in dem Brunnen? Seltsam.

Neugierig griff ich nach dem Rand der Zisterne, stieg mit meinen Sandalen in die Zwischenräume des alten Gemäuers und kletterte problemlos hinauf.

Als ich meinen Oberkörper über den breiten Rand geschoben hatte, konnte ich kaum etwas erkennen. Ich musste mich erst an die Dunkelheit gewöhnen. Mit zusammengekniffenen Augen erkannte ich zuerst den Eimer, der tatsächlich immer noch auf dem Wasser hin- und hertanzte. BongGongGiDongDong, BongGongGiDongDong …

Für ein paar Sekunden überwog die Faszination für ein völlig unerklärliches Phänomen, und ich starrte gebannt auf den Plastikeimer im Brunnen, glaubte in dem seltsamen Geräusch gar eine Art Rhythmus zu erkennen. Dann erkannte ich noch etwas anderes, und die Faszination schlug sofort um in kalte Panik. Ich war wie gelähmt, und meine Finger krallten sich in den Stein. Der Grund für den Eimertanz war nicht etwa Wellengang, sondern eine etwa eineinhalb Meter lange Schlange.

Als hätte ich sie mit meinem Eimer in Raserei versetzt, wuselte sie so wild im Wasser, dass kaum zu erkennen war, wo das Vieh anfing und wo es aufhörte. Mein Herz schlug mir bis zum Hals und BongGongGiDongDongte weitaus lauter als der Eimer unter mir. Alles in mir schrie »LAUF, TOMMY, LAUF«, aber ich befand mich immer noch im Zustand der Schockstarre, unfähig, auch nur einen Finger zu bewegen.

Da schoss plötzlich der Kopf der Schlange aus dem Wasser, und vielleicht machte sie auch ein Geräusch, das kann ich nicht

101

mehr so genau sagen. Denn da befand ich mich bereits auf dem Weg rückwärts, von dem Rand des Brunnens stürzend.

Sekundenbruchteile später war ich auch schon unten aufgeschlagen, und den Schmerz im Steißbein ignorierend rappelte ich mich auf und rannte schreiend los. Nur zwei Meter vom Brunnen entfernt hatte mich die Schlange hinter meinem Rücken eingeholt. Sie biss mir ins Armgelenk und riss mich zu Boden. Wie am Spieß brüllend, schlug ich um mich, doch das Tier ließ nicht locker, wollte mich zurück zum Brunnen zerren in ihr nasses Reich, ihr Maul schnitt sich tief in meine Haut ein, ich strampelte, rollte mich auf dem Boden, ich war verloren … Bis endlich die Schlaufe der Schnur von meinem Handgelenk glitt und der mit Wasser gefüllte Eimer wieder in den Brunnen zurückfiel. In meiner Panik hatte ich die Schlaufe an meiner Hand vergessen und für das Schlangenmaul gehalten.

Trotzdem ließ ich den Eimer zurück und rannte los durch die seltsamen Bäume zu unserem Standplatz. Oder zumindest dachte ich das. Denn nach ein paar Minuten blieb ich schnaufend stehen und sah mich um. Ich war ganz offensichtlich in die falsche Richtung gelaufen, denn um mich herum war nur halbhohes Gras. Verwirrt und mit klopfendem Herzen drehte ich mich ein paar Mal um die eigene Achse, aber ich hatte keine Ahnung, wo ich gelandet war. Da hatte ich plötzlich auch noch den zugegebenermaßen seltsamen Gedanken, die Schlange könnte mir gefolgt sein. Unwillkürlich hielt ich die Luft an und lauschte in die Natur hinein, ob nicht vielleicht irgendwo ein BongGongDiDongDong zu hören war. Wie ich auf die Idee kam, dass die Schlange auf ihrer Jagd nach mir den Eimer mitnehmen würde, kann ich heute nicht mehr nachvollziehen. Vielleicht war mir das Krokodil aus *Peter Pan* aus unserer gekürzten Super-8-Film-Version des Disney-Klassikers noch zu präsent. Dieses Reptil hatte ja bekanntlich einen Wecker verschluckt, und Captain Hook brach immer in Panik aus, wenn es irgendwo tickte.

Es war aber nichts zu hören, außer dem Rascheln der Blätter im leichten Wind und dem entfernten Meeresrauschen. Letzteres half mir dann auch, mich zu orientieren, und ich fand schließlich den Weg zurück zu unserem Standplatz. Als ich ohne Eimer zurückkehrte und direkt in meinem kleinen Einmannzelt verschwand, konnte man sich schon denken, dass wohl irgendwas passiert war. Überflüssig zu erwähnen, dass mein Vater mir die Geschichte mit der Schlange erst einmal nicht glaubte. Zugegebenermaßen klang sie auch wirklich etwas sehr unglaublich. Als er jedoch ein paar Minuten später mit dem Eimer und der Schnur zurückkehrte, nickte er meiner Mutter kurz bestätigend zu. Dann versprach er mir, in Zukunft selbst Wasser holen zu gehen.

»Du glaubst doch nicht, dass ich mich mit Wasser waschen will, in dem eine Schlange gebadet hat!«, rief da meine Mutter, und mein Vater wusste, was das bedeutete. Es bedeutete, dass er ab sofort mehrmals am Tag einen deutlich weiteren Weg mit dem großen Wasserkanister würde zurücklegen müssen. Obwohl ich die Schlange nicht im Brunnen plaziert hatte, fühlte ich mich irgendwie schuldig.

Ganz und gar nicht schuldig fühlte ich mich allerdings beim nächsten Malheur. Im Nachhinein kann man auch eigentlich keinen Schuldigen benennen, wenn man mal von meinem Vater absieht, der als Drahtzieher der gesamten Campingchose ja generell schuld an allem war.

Wie oben erwähnt, schien dieser Standplatz ja wirklich die Ausnahme von der grausigen Regel zu sein. Gut, es gab also eine Schlange in der Zisterne, und die war nah genug, um mich vor allem nachts kaum schlafen zu lassen, weil ich alle halbe Stunde die Reißverschlüsse an meinem Zelt auf Geschlossenheit hin überprüfte. Aber ansonsten war doch alles so weit, so muuuhhh.

Muuuhhh?

Verwundert öffnete ich die Reißverschlüsse meiner Dackelgarage, schob den Kopf hinaus ins morgendliche Graublau und blickte auf den Arsch einer liegenden Kuh.

Dieses knochige und doch recht voluminöse Tier blockierte den Ausgang meines Zelts und machte insgesamt eher nicht den Eindruck, sich in den nächsten Tagen irgendwo anders hin bewegen zu wollen. Ich rief erst zaghaft, dann immer lauter um Hilfe.

Nach ein paar Minuten kamen meine Eltern aus dem Vorzelt gestolpert und starrten ebenso erstaunt wie ich auf die Kuhherde in unserem Vorgarten. Klapptisch und -stühle waren umgeworfen, die Luftmatratze von Hufen zerschlissen, und eine Kuh musste sich wohl auf Mamis Sonnenliege breitgemacht haben, denn das Ding war so platt wie die zahlreichen Kuhfladen.

Es stellte sich heraus, dass diese Kühe in großer wilder Schar hier in der Bucht lebten. Den Grund, warum sie sich ausgerechnet hier angesiedelt hatten, lieferte uns im Übrigen ein seltsam stechend-modriger Geruch, der nicht nach Kuh oder deren Hinterlassenschaften roch. Nein, das war einfach nur das

Odeur einer nahen Müllhalde, das wir aufgrund des starken Westwinds bei unserer Anreise nicht wahrgenommen hatten. Die Es-ist-überall-heiß-und-scheiße-ianer auf Korsika hatten zumindest damals die ebenso pragmatische wie naturfeindliche Sitte, ihren Müll einfach in die jeweils nächste Bucht zu kippen, und wie es schien, waren wir am anderen Ende einer dieser Müllbuchten gelandet. Hier war bis jetzt kein Müll zu sehen, aber es war nur eine Frage von wenigen Jahren, bis auch dieser Standplatz unter den Resten des Wohlstands versunken sein würde. Für die Kühe war das augenscheinlich völlig in Ordnung, im Gegenteil sogar. Sie fraßen einfach, was ihnen vor die weichen Schnauzen kam, und durch die Müllhalde gab es genug geschmacklich herausfordernden Nachschub in den stimulierendsten Farben und Formen.

Im Moment jedoch fanden die Viecher unsere Campingutensilien interessanter und – im Falle unseres Windschutzes – auch schmackhafter. Anstatt erst einmal die Kuh vor meinem Zelt zu vertreiben, stürzte sich mein Vater sofort auf die drei Tiere, die an den Seilen unseres Windschutzes knabberten. Doch alles Schreien, Schubsen und Klapsen half nichts. Diese Kühe waren sicher Schlimmeres gewohnt und schlugen nicht einmal mit ihren Schwänzen nach Papi, um ihn wie eine Fliege zu vertreiben.

Der griff zu drastischeren Mitteln, und zwar zu einem dünnen, langen Ast. Den ließ er peitschend auf den Hintern der Tiere tanzen, und tatsächlich schienen sie das zumindest so weit wahrzunehmen, dass sie von dem Windschutz abließen und sich mit müdem Blick meinem Vater zuwandten. Hatte ich schon erwähnt, dass er nackt war? Nein? Okay, also mein Vater war nackt. Ebenso wie meine Mutter.

Und nun stellen Sie sich bitte vor, wie ein nackter Mann mit Bart und einem albernen Ast in der Hand von drei Kühen über einen Strand gejagt wird und sein Heil im morgendlichen Meer suchen muss. Lustig? Für Sie vielleicht.

Kaum hatten die Kühe von ihm abgelassen, entstieg mein Vater dem Meer, und schon von weitem war ihm anzusehen, dass er den Viechern diese Schmach heimzahlen würde. Wer meinen Vater vor den Augen seiner Familie nackt vor sich hertrieb, musste mit massiven Vergeltungsaktionen rechnen. Aber sagen Sie das mal einer Kuh. Auf Korsisch.

Da hatte mein Vater schon eins der Ruder aus unserem Boot geschnappt und wedelte es wild brüllend und mit rollenden Augen über dem Kopf hin und her. Ab und zu steckte er das Ruderblatt in den Sand und riss es ruckartig wieder empor. So schleuderte er den Kühen ein paar gehörige Portionen nassen Sand in die erstaunten Gesichter. Das war den Tieren in seiner Gesamtheit dann doch zu laut, zu unangenehm und vermutlich auch zu seltsam, und tatsächlich trollten sich die ersten drei in Richtung der Müllhalde am anderen Ende der Bucht. Es musste sich hierbei wohl um so etwas wie die Anführerinnen gehandelt haben, denn die anderen Kühe folgten ihnen brav.

Nur das Arschgebirge vor meinem Zelt erhob sich nicht. Entschlossen baute sich mein Vater vor dem drögen Tier auf und drohte mit dem Ruder. Ich konnte leider nicht sehen, ob die Kuh reagierte, denn meine Sicht war durch den Hintern versperrt. Schließlich wagte ich es, mich ein Stück weit im Zelt aufzurichten, um über das Hinterteil sehen zu können. Immerhin hatte das Tier seinen Kopf gehoben. Doch in dem Moment hatte mein Vater sich gerade wieder zu einer Ruderschaufel voller Sand zwischen die Augen der Kuh entschlossen. Diese wiederum senkte just in dem Augenblick ihren Kopf, als würde sie ausweichen, und die Ladung Sand traf den eigenen Sohn mitten ins Gesicht.

Ich hatte damit nun wirklich nicht gerechnet und auch nichts kommen sehen. Darum landete mindestens die Hälfte der Sandmenge in meinen geöffneten Augen. Schreiend sprang ich auf und schlug die Hände vors Gesicht. Dass ich dabei den vorderen Giebel meines Zeltes aus der Stange hebelte und zudem eins der Spannseile abriss, war mir in dem Moment einfach nur egal. Meine Augen brannten wie Feuer, und ich war praktisch blind! Ich torkelte irgendwohin, stolperte – vermutlich über das andere Spannseil – und schlug etwas unglücklich auf der platt gedrückten Sonnenliege auf.

Das verbogene Metall schepperte laut, und das veranlasste wenigstens die Kuh, sich zu erheben, um sich einen weniger stressigen Ort zu suchen.

Da war meine Mutter auch schon mit klarem Wasser zur Stelle und mühte sich redlich, mir den Sand aus den Augen zu waschen. Nach einer Viertelstunde konnte ich immerhin schon wieder Schemen erkennen, wenn ich für Sekunden die Augen öffnete. Zu mehr reichte es leider nicht, es tat immer noch furchtbar weh.

Mein Vater hatte inzwischen den Bus vom Vorzelt abgekoppelt, um in den nächsten Ort zu fahren und dort Augentropfen, Salbe oder Was-auch-immer zu besorgen, um meine Pein zu lindern. Während er also mit dem Bus die Serpentinen hochzuckelte, spülte mir meine Mami weiter Wasser durch die Augen.

Irgendwann hatte ich einfach nur genug davon und wendete mich unwillig ab. Es half eh nichts und schien nur noch schlimmer zu werden. Also nahm ich den dargereichten nassen Waschlappen und verzog mich in das angenehm dunkle Vorzelt, um auf die Rückkehr meines Vaters zu warten.

Der kam eine knappe Stunde später zurück. Leider ohne Medikamente, denn er hatte weit und breit keine Apotheke ertuckert. Doch um mir wenigstens eine kleine Freude zu machen und mir so zu zeigen, wie leid es ihm tat, hatte er mir etwas anderes mitgebracht: ein deutsches *Disneys lustiges Taschenbuch.*

Für wenige Sekunden freute ich mich sogar, doch als ich es aufschlug und versuchte, etwas zu erkennen, begannen die Augen sofort wieder zu brennen, Donald und die Neffen verschwammen vor mir, und meinem Vater dämmerte im selben Augenblick, dass er mit diesem Geschenk mein Martyrium nur noch intensiviert hatte. Ich hatte Sand in den Augen, konnte kaum was erkennen und war somit völlig außerstande, ein Comic zu lesen! Damit hatte er nichts anderes getan, als mir die Zeit zu verzehnfachen! Argh.

Ich brauchte viele, viele Anläufe, um wenigstens die erste Geschichte des Comics rudimentär zu verstehen. Sie kennen sicher das Bild von dem Esel mit der Karotte, die am Stock vor ihm baumelt. Ich fühlte mich so ähnlich. Aber dadurch kenne ich die Geschichte immer noch fast auswendig. Es geht um Donald, Schneewittchen, die sieben Zwerge und ein Gewächs namens Katzenkraut. Vorne drauf ist ein ungewöhnlich verwegener Donald in Musketier-Gewand abgebildet, umgeben von schwirrenden Degen. Die Geschichte gefiel mir, ich mochte immer schon Cross-over zwischen verschiedenen Welten, und bis heute ist es ja nicht üblich, dass Donald und die Zwerge zusammen auftauchen. Eine lange Zeit über trennte man ja auch Micky und Donald, als würden sie unterschiedlichen Welten angehören. Ich blieb für den Rest des verkorksten Tages auch in meiner eigenen kleinen Welt im Halbdunkeln des Campingbusses, ausgestattet mit dem unvermeidlichen Kassettenrekorder, dem Disney-Taschenbuch und einer Rolle Kleenex, um die sandigen Tränen abzuwischen.

Als das Schlimmste vorbei war, versuchte ich natürlich, den Moment der sichtbaren Gesundung möglichst weit in die Zukunft zu verschieben, um weiterhin im Bus bleiben zu dürfen und meine Ruhe zu haben. Aber als ich am nächsten Tag aus meinem Zelt tappte und dabei – wie ich fand recht authentisch – mit den Händen meinen Weg suchte, durchschaute man mich, und ich wurde genötigt, diesen wunderschönen Tag doch bitte im Freien zu verbringen.

Inzwischen hatte mein Vater auch dazugelernt, was die Kuh-Problematik anging. Unser Abfallsack hing nun in einem der Bäume und konnte mit einem Seilzug abgelassen werden. Da selbst die korsischen Kühe weder klettern noch Seilzüge bedienen können, waren wir so wenigstens davor gefeit, dass die Viecher den Müll über den Platz verteilten. Ansonsten sorgten Windschutz und Spanngurte rund um unsere Campingidylle für erschwerten Zugang. Das reichte den Kühen schon, um uns in Ruhe zu lassen, denn bevor sie sich unter den Spanngurten durchruckelten, war es wohl bequemer, in aufrechter Haltung zur Mülldeponie zu schlendern. So reduzierte sich auch bald das Kuhfladenaufkommen rund um unseren Platz, was uns als Barfuß- oder Sandalengängern sehr entgegenkam.

Ich wünschte mir allerdings im Laufe des Urlaubs auch manchmal, über die darmseitige Sorglosigkeit einer Kuh zu verfügen. Die machten sich einfach keine Gedanken, wo sie gerade hinschmetterten. Bei mir hingegen kreiste ein Großteil meiner Überlegungen Tag für Tag darum, wie ich meinen Vater dazu kriegen konnte, mir die Benutzung des mitgeführten Campingklos zu erlauben.

Da die nächste Gelegenheit für halbwegs ordnungsgemäßes Entleeren des Chemiekloakenbehälters ein ganzes Stück weit entfernt lag, war mein Vater natürlich bestrebt, mich für jedwedes Geschäft in den Wald zu schicken. Ich hingegen hasste nichts so sehr, wie mit blankem Hintern hilflos irgendwo in der Pampa zu knien, während es um mich herum summte, krabbelte und sponn.

Aber es half alles nichts. Mein Vater drückte mir wortlos die Rolle schmirgelpapiernes Toilettenpapier in die Hand und deutete in Richtung der Bäume: das Klo des Campers, unendliche Weiten …

Also tappte ich so auch an diesem unseren dritten Tag los, um einen Ort zu suchen, der mein Örtchen werden sollte. Überflüssig fast zu erwähnen, dass man jedes Mal einen neuen Ort braucht, denn am nächsten Tag herrscht am Örtchen des Vortags eine derart hektische Betriebsamkeit, dass man glaubt, der Evolution zusehen zu können. Was so alles entstehen kann aus Kack …

Dergleichen philosophische Gedanken ausblendend, stakste ich durch das trocken-bräunliche Gehölz und suchte nach einer Stelle, wo mich kein Gras am Hintern kitzeln würde. Denn das hatte bei mir schon mehrfach zu kleinen Panikattacken geführt, dachte ich doch wirklich jedes Mal, dass mir gerade irgendwas irgendwo hoch- oder schlimmstenfalls hineinklettern würde.

Da erspähte ich einen kleinen kalksteinartigen Hügel direkt hinter einem wuchtigen, alten Baum. Der Baum schützte vor den Blicken, die eventuell vom Trampelpfad herübergeworfen werden könnten, und auf dem Hügel wuchs kein bisschen Kitzelgras. Sehr gut! Perfekt! Schon war ich auf den Stein hinaufgestiegen, hatte die Hose herunterbugsiert und mich in Stellung gebracht … als es plötzlich knisterte. Da krachte es auch schon, als würde man durch mehrere Schichten Esspapier treten, und mein rechter Fuß verschwand in dem Hügel! Ich schrie auf, wollte aufspringen, aber da war auch schon der linke Fuß bis über den Knöchel in dem seltsamen Stein verschwunden. Panisch und schnappatmend riss ich meine Füße aus dem Ding heraus und stolperte mit runtergelassener Hose ein paar Meter, bevor ich der Länge nach hinschlug.

Man stelle sich das kalte Grauen eines kleinen Jungen vor, der vor kurzem erst einer Wasserschlange und wilden Kühen entkommen war, dann einen Tag lang mit Blindheit geschlagen im Halbdunkeln vegetieren musste und schließlich auf seine Füße starrte, die von weißlich gelben Ameisen bedeckt waren.

Danach weiß ich nicht mehr so genau, wie ich zum Meer hinunterkam. Hätte ich mich von Ort zu Ort brüllen können, wäre ich vielleicht sogar direkt zu Hause gelandet. Ich weiß nur noch, dass ich irgendwo meine Badehose abgeschüttelt hatte, weil ich sonst nicht hätte rennen können. Und ich weiß noch, dass die Ameisen im Meer sofort von meinen Beinen abließen. Zur Sicherheit tauchte ich ein paar Mal komplett unter und schlug dabei um mich wie verrückt. Auch auf den Kopf und überallhin, wo sich vielleicht noch eins der Tierchen hätte verstecken können. Erst ein paar Tauchgänge später wagte ich mich wieder aus dem Wasser, mein schlabbernasses T-Shirt hierbei über den Po heruntergezogen.

Die Sandalen hatte ich im Wasser gelassen, und beide Füße waren bereits zu fleischig-roten Klumpen angeschwollen, als ich endlich wieder zurück zu unserem Standplatz kam. Mein Vater war gerade Wasser holen gegangen, und meine Mutter erschrak fürchterlich, als sie mich sah. Sofort holte sie Jodtinktur aus dem Verbandskasten und tupfte die Bampfkuchen ein, zu denen meine Füße geworden waren.

Als mein Vater zurückkam, war auch er sehr besorgt, und ihm war anzusehen, dass ich ihm leidtat. Meine Frage, ob wir nun endlich nach Hause fahren würden, wurde trotzdem abschlägig beantwortet. Mist. Stattdessen kühlte man meine Füße mit kalten Umschlägen und tat auch ansonsten alles, um mich wieder so weit hochzupäppeln, dass ich die nächsten zwei Wochen irgendwie überstehen würde.

An den Rest dieses Urlaubs kann ich mich nicht erinnern. Als ich meine Eltern fragte, meinten sie, es sei einer der schönsten Urlaube unseres gemeinsamen Familienlebens gewesen. Ich hingegen kann mich nur an die dramatischen Momente erinnern. Langsam frage ich mich wirklich, ob mit mir etwas nicht stimmt.

Liegt es an mir?

Diese Frage ist doch in jedem Fall berechtigt! Mein Vater tat schließlich immer so, als sei das alles das absolut Normalste von der Welt und nichts anderes als ein riesengroßer Spaß, egal, wie dramatisch die Situation gerade war. Meine Mutter glaubte ihm entweder oder war ebenfalls bestrebt, vor mir nicht allzu viel Dramatik hochzukochen, um mich nicht (noch mehr) zu beunruhigen. Also hielt ich mich selbst irgendwann für einen Stubenhocker mit einem massiven Knacks, der ganz offensichtlich nicht in der Lage war, das Wahre, Gute und Schöne der Natur zu erkennen und es vor allem zu genießen.

Gut, heute weiß ich, dass genau das zutrifft, aber der Unterschied ist, dass ich heute dazu stehe. Damals jedoch war ich umringt von Menschen, die versuchten, mir klarzumachen, dass jeder Junge, der nicht Tag und Nacht mit einem verdammten Ball im Freien verbringt, eine Meise haben muss.

Ich will es mal so ausdrücken: Heute weiß ich, dass nicht ich der Verrückte in der Familie war. Oder zumindest nicht der einzige. Mein Vater hat mindestens genauso eine große Meise wie ich, nur schlägt sie sich eben in den zu mir komplementären Bereichen des möglichen Meisen-Spektrums nieder.

Woher ich das weiß? Nun, ich musste ja nur lesen, was mein Vater so alles zu Papier brachte, nachdem ich ihn um Beiträge zu diesem Buch gebeten hatte. Schon nachdem ich die ersten Zeilen studiert hatte, wurde mir vieles klar. Gleichzeitig machte es mich aber auch noch ein Stück ratloser.

Okay, was hatte ich erwartet? Irgendeine Art grausames Schlüsselerlebnis in einem Luxushotel, wonach er nur noch das Wildcampen an entlegenen Orten ertrug? Ein Kindheitstrauma mit Schuldkomplex, das ihn immer wieder an düstere Steilküsten zwang, um sich und alle anderen dort wieder und wieder mit lebensbedrohlichen Komplikationen zu kasteien, die er auf perfide Art und Weise selbst herbeigeführt hatte?

Nichts dergleichen.

Das Einzige, was ich fand, war ein Mensch, dessen größte Freude wohl immer schon darin bestanden hatte, mit einer Mischung aus fröhlicher Ignoranz und todesverachtender Unbeschwertheit jedes Risiko bereitwillig herzend mit beiden Armen zu umschließen, bis es aufhörte zu zappeln. Besonders deutlich wird das meiner Meinung nach in dem Bericht über den allerersten Campingurlaub meines Vaters im Alter von vierzehn Jahren. Aber urteilen Sie bitte selbst, vielleicht sehen Sie das ja alles ganz anders ...

Mein erstes Mal

von Werner Krappweis

Mein erster Urlaub war ein Campingurlaub, und das ist nun etwa fünfundfünfzig Jahre her. Ich war damals vierzehn Jahre alt und fuhr mit meinem ein Jahr älteren Cousin Manfred, kurz Fredi, mit dem Fahrrad zum Zelten an den Seehamer See. Der See liegt ungefähr fünfunddreißig Kilometer südlich von München, und es regnete seit Tagen in Strömen. Schon damals war aber kein Wetter der Welt geeignet, um mich von einem Abenteuer abzuhalten. Im Gegenteil, es verstärkte sogar noch meine Entschlossenheit, eine wunderschöne Zeit zu verbringen. Und wenn es sein musste, dann auch gegen den Willen von Petrus und Konsorten.

Auf der Suche nach einem geeigneten Zeltplatz schoben wir unsere Räder am Südufer des Sees entlang durch den Wald, was übrigens sehr anstrengend war. Nicht nur wegen der Äste, des Schlamms und der Wurzeln am Boden, sondern vor allem, weil der Rucksack auf meinem Gepäckträger so schwer war, dass ich beim Schieben mein Rad an der Lenkstange mit aller Kraft zu Boden drücken musste, damit es nicht wieder und wieder nach hinten umkippte. Dadurch drückte ich das Vorderrad nur noch tiefer in den morastigen Waldboden, und das drückte unseren Geschwindigkeitsdurchschnitt auf wenige Meter pro Minute. Außerdem mussten wir noch einen seltsamen Zaun überwinden, der sich scheinbar sinnlos quer durch den Wald spannte und uns den Zugang zum See versperren wollte. Auch dieses Hindernis überwanden wir ebenso kichernd wie erschöpft.

Nach längerer Suche fanden wir, völlig durchnässt von Regen und Schweiß, endlich einen geeigneten Platz auf einer kleinen Landzunge am Waldrand. Der Platz war gerade groß genug, um unser Zelt dort aufzubauen. Dieses Zelt war natürlich nicht vergleichbar mit den heutigen modernen Kunststoffzelten. Nein, unser Zelt bestand aus gewachstem Baumwollstoff und hatte einfach hinten und vorne eine Stange mit einem Dorn, um die Zeltplane mit einer Öse einzuhängen. Diese wurde nach allen Seiten mit Schnüren abgespannt, und das war's. Da die Zelte damals auch keinen Boden hatten, schnitten wir Tannenzweige ab und legten eine Decke darüber. Wir hatten auch kein wie auch immer geartetes Überdach, und da es immer wieder regnete, tropfte jedes Mal, wenn wir versehentlich das Zeltdach von innen berührten, Wasser durch den Stoff in das Zelt. Das hatte zur Folge, dass unser Wolldeckenboden auf den Tannenzweigen immer feucht war und nach kurzer Zeit anfing, sehr unangenehm zu muffeln, was selbst mir irgendwann unangenehm war. Ganz im Gegenteil zu dem unterschiedlichsten Getier, das sich unter unserem improvisierten Boden offensichtlich von Tag zu Tag wohler fühlte.

Hinten im Zelt hatten wir noch Platz für unsere Rucksäcke, und vorne am Eingang gab es immerhin einen Reißverschluss.

Draußen hatten wir sogar noch ein kleines Stückchen Kiesstrand vor unserem Eingang. Unweit von unserem Zeltplatz floss ein kleines Bächlein oder besser gesagt, ein Rinnsal. Aber wir gruben einfach ein Loch, das sich bald mit Wasser füllte und uns so als Wasserstelle diente. Dort, wo sich das Rinnsal mit dem See vereinte, hatte sich ein richtiges sumpfiges Delta mit hohen Schilfgrasinseln gebildet, ein idealer Spielplatz für uns beide.

Als Schlafstelle hatte mein Cousin ein kleines grünes Schlauchboot, das seine Mutter auf einer Tombola gewonnen hatte, und ich, tja, ich hatte eine Luftmatratze, die ebenfalls meinem Cousin gehörte. Da das Schlauchboot, wie damals noch üblich, eine Stoffoberfläche hatte, die das Wasser ähnlich gut aufnahm wie unser Zelt, musste er jede Nacht in einem feuchten »Bett« schlafen, was ihn natürlich fürchterlich nervte. Aber meine Luftmatratze, auf der ich schlief, war auch nicht gerade Luxus. Sie bestand aus einem braunen, ziemlich porösen, harten Plastikmaterial und hatte zwei Kammern. Ein Kopfteil und ein langes Teil, um darauf zu liegen. Da aber für das lange Teil der Stöpsel fehlte, hatten wir uns selber einen nach unserem Ermessen geeigneten Stöpsel aus Holz geschnitzt. Gut möglich, dass der nicht so arg dicht geraten war oder dass die doch schon etwas ältere Luftmatratze irgendwo eine undichte Stelle hatte – jedenfalls musste ich jede Nacht so zwischen zwei und drei Uhr mangels eines Blasebalgs die Matratze mit dem Mund wieder aufblasen. Mir wurde dabei jedes Mal fürchterlich schwindlig, und es dauerte immer eine ganze Weile, bis ich endlich wieder einschlafen konnte.

Bereits am ersten Morgen wurden wir von einer energischen Stimme aus dem Schlaf gerissen. Es war der Förster, der uns klarmachte, dass wir unser Zelt im Landschaftsschutzgebiet aufgebaut hätten, was den Zaun quer durch den Wald im Nachhinein erklärte. Das sei natürlich nicht erlaubt, und wir müssten sofort wieder verschwinden. Aber als dann zwei blonde, traurige Buben aus dem Zelt krochen, hatte er anscheinend doch Mitleid, und er erlaubte uns schließlich doch zu bleiben. Dafür mussten wir ihm hoch und heilig versprechen, kein Feuer zu machen und auch keinen Unrat herumliegen zu lassen. Glücklich, nicht heimfahren zu müssen, nickten wir zu allem brav und waren auch wild entschlossen, diesen Anweisungen Folge zu leisten.

Also kochten wir auf unserem kleinen Esbit-Kocher Tee zum Frühstück, was natürlich unendlich lange dauerte. Das Wasser dafür holten wir stolz aus unserem selbstgegrabenen Brunnen. Brot, Wurst und was wir sonst noch zum Frühstück brauchten, hatten wir von zu Hause mitgebracht. Zum Mittagessen gab es Erbswurstsuppe, solange unser Vorrat reichte. Erbswurst war eine wurstförmige grüne, gepresste Masse, die wir in größerer Menge dabeihatten und die wir nur im Wasser aufkochen mussten. Je nachdem, wie viel Wasser wir dazugaben, hatten wir entweder Erbsenbrei oder Erbsensuppe. Dazu gab es anfangs noch Wiener Würstchen oder einfach nur ein Stück Brot. Jedoch waren bei unserem Appetit nach vier Tagen die meisten mitgebrachten Vorräte aufgegessen, und wir waren gezwungen, einkaufen zu gehen oder besser gesagt: einkaufen zu rudern, denn auf der gegenüberliegenden Seite des Sees war ein Campingplatz mit einem kleinen Supermarkt.

Da es an diesem Tag gegen Mittag aufgehört hatte zu regnen und nachmittags sogar die Sonne ein bisschen durch die Wolken spitzte, war zum ersten Mal das Schlauchboot meines Cousins einigermaßen getrocknet. Weil er wenigstens einmal eine Nacht nicht auf einer feuchten Unterlage schlafen wollte, bat er mich, doch mit der Luftmatratze über den See zu paddeln. Ich war zwar nicht gerade begeistert, aber ich hatte schon Verständnis. Es reichte ja schon, dass das ganze Schlafzeug, unsere Trainingsanzüge und auch meine Wolldecke dauerfeucht waren. Ich machte mich also fertig für meine Odyssee. Nur mit Badehose, Rucksack, Pfanne und Kochtopf ausgerüstet stieg ich daher rittlings auf meine Luftmatratze. Pfanne und Kochtopf? Ach ja, wir hatten keine Ruder. Die waren bei dem Tombolagewinn nicht inbegriffen gewesen, und die Eltern von Fredi waren der Meinung, dass wir die eh nicht auf den Fahrrädern hätten transportieren können. Also ruderten wir das Boot nicht mit Rudern, sondern mit unserer Pfanne und unserem Kochtopf.

Die Luftmatratze knickte natürlich durch die Belastung in der Mitte ein, so dass ich das Kopfteil nun vor meiner Brust hatte, selber bis zum Bauch im Wasser saß und der Rest der Matratze an meinem Rücken senkrecht in die Höhe stand. So hatte ich die mehreren hundert Meter bis zum anderen Ufer zurückzulegen.

Als ich anfing zu rudern, kam ich kaum vorwärts. Dafür schlingerte ich erste einmal nur hin und her und drehte mich mit meinem sonderbaren Gefährt um die eigene Achse, so dass ich kaum das Gleichgewicht halten konnte. Anfangs konnte ich mich im seichteren Wasser mit den Füßen ja noch etwas abstützen, doch als der Boden langsam unter mir verschwand, wurde es immer wackeliger.

Ich ruderte mit beiden Armen so gleichmäßig wie möglich, und das Drehen hörte immerhin auf, doch obwohl es sehr anstrengend war, kam ich nur äußerst langsam vorwärts. Dazu kam, dass die Pfanne einen wesentlich größeren Durchmesser hatte als der Kochtopf und ich dadurch immer weiter nach links abdrehte. Um das auszugleichen, zog ich mit dem rechten Arm etwas weiter durch.

Ich hatte so schließlich immerhin zweihundert Meter zurückgelegt, als ich ein überraschendes, blubberndes *Pfffff* vernahm.

Entweder war der Druck für unseren selbstgeschnitzten Holzstöpsel zu groß geworden, oder ich hatte ihn mit meinem rechten Arm durch die extreme Ruderbewegung herausgerissen – jedenfalls hatte er sich irgendwie entfernt, und die Luft entwich unaufhaltsam aus dem Mundstück der Matratze.

Seltsam still und leise versank ich plötzlich im See, samt Rucksack und Kochgeschirr.

Eigentlich wäre das ja kein wirkliches Problem für mich gewesen, da ich ein sehr guter Schwimmer war. Aber ich war natürlich bemüht, die Matratze – die mir nicht gehörte – und unser Kochgeschirr – das wir noch dringend brauchten – irgendwie wieder zum Ufer zurückzubringen.

So lag ich also mit dem Kinn auf dem noch schwimmenden Kopfteil, in der linken Hand die Pfanne, in der rechten den Topf. Erschwert wurde das Ganze durch das lasche Matratzenteil, das mir unter dem Bauch schlabberte und laufend zwischen die Beine geriet.

So hechelte ich quälend langsam zurück zum Ufer und musste mehr als einmal blitzschnell nach Topf oder Pfanne tauchen, wenn sie meinen tauben Fingern mal wieder entglitten waren.

Am Kiesstrand erwartete mich bereits mein Cousin, der alles mit angesehen hatte. Er meinte bedauernd, dass ich ihm bereits beim Start leidgetan hätte, aber er hatte es nicht übers Herz gebracht, mich aufzuhalten, weil er halt wenigstens einmal eine Nacht auf einer trockenen Unterlage schlafen wollte.

Nach dieser Heldentat erlaubte er mir jetzt aber doch, für einen Neustart sein Schlauchboot zu benutzen. Dankbar machte ich mich also ein weiteres Mal auf den Weg. Auf die Idee, ihn stattdessen mit seinem Boot loszuschicken, kam ich damals nicht, und ich glaube, ich wäre auch heute noch gleich selbst wieder losgepaddelt. Da dieses Boot aber entweder zu breit oder aber meine Arme zu kurz waren, konnte ich alleine nicht mit beiden Armen gleichzeitig rudern. Also musste ich mit der Bratpfanne immer einmal links und einmal rechts eintauchen, um vorwärtszukommen.

Das ging zwar auch fürchterlich langsam, aber im Vergleich zu der Plackerei mit der Luftmatratze war es ein Kinderspiel. So erreichte ich tatsächlich nach etwa vierzig Minuten das andere Ufer und ging gleich in den kleinen Supermarkt auf dem Campingplatz. Als ich alles, was wir brauchten, eingekauft hatte, wollte ich es in meinem Rucksack verstauen. Da der jedoch – im Gegensatz zu unserem Zelt – einen wasserdichten Boden hatte, war er seit meinem unfreiwilligen Tauchgang bis zur Höhe des Kunststoffbodens mit Wasser gefüllt. Als ich das bemerkte, nahm ich den Rucksack, öffnete die Ladentüre und schüttete den Inhalt demonstrativ ins Freie hinaus. Da es an diesem Nachmittag nicht geregnet hatte, fragte mich die Verkäuferin natürlich sehr erstaunt, wo ich denn gerade in Gottes Namen herkäme.

Ich erzählte ihr stolz, dass wir auf der anderen Seite des Sees unser Zelt aufgebaut hätten und dass der Förster uns erlaubt hätte, dort eine Woche zu bleiben. Dann zahlte ich, verabschiedete mich höflich, lief hinunter zu meinem Boot und paddelte mit meiner Bratpfanne zurück zu unserem Zeltplatz. Gleichzeitig war endlich die Sonne durch die Wolken gebrochen, und ich war so glücklich und stolz wie schon lange nicht mehr.

Mein Cousin hatte sogar bereits einen neuen Stöpsel für die Matratze geschnitzt, und bei einem ausgiebigen Abendessen lachten wir noch lange darüber, wie blöd es doch ausgesehen hatte, als ich mit der Matratze in See gestochen und dann langsam versunken war. Während mein Cousin erfolglos versuchte, sein Boot mit einem nassen Handtuch einigermaßen trockenzureiben, blies ich meine Matratze erneut auf, und wir legten uns zufrieden und glücklich auf unsere nasskalten Betten.

Leider währte das Glück nur bis zum frühen nächsten Morgen, als uns eine bekannte und sehr grantige Stimme aus unserem Zelt scheuchte. Es war wieder der Förster. Er meinte, wer von uns denn so grenzenlos dumm gewesen wäre, der Frau vom Campingplatz zu erzählen, dass wir hier im Landschaftsschutzgebiet wild zelten würden! Mit der Erlaubnis des Försters! Diese Dame hatte ihn natürlich umgehend angerufen und sich heftig beschwert!

Da half kein Entschuldigen, kein Bitten und auch kein Jammern, der Förster blieb hart und meinte, wenn er am

Nachmittag noch einmal vorbeischauen würde, wollte er uns nicht mehr sehen. Gleichzeitig begann es nun auch wieder zu regnen.

Niedergeschlagen und traurig bauten wir unser Zelt ab, packten alles zusammen und luden die Rucksäcke auf die Gepäckträger unserer Fahrräder. Wir schoben diese durch den Wald in Richtung Heimat, nur dass der Weg zurück noch viel mühsamer war, weil wir ja das Zelt und alles andere pitschnass einpacken mussten und dadurch unsere Rucksäcke noch um einiges schwerer waren.

So endete mein erster Campingurlaub – aber wenn Sie jetzt denken, dass mich das vom Camping ein für alle Mal geheilt hätte, dann darf ich Sie hier gerne enttäuschen: Nein, ich hatte bis dahin selten so viel Spaß gehabt, so viel in so kurzer Zeit erlebt und so viel zu erzählen wie an dem Tag, als ich wieder nach Hause kam!

Am liebsten wäre ich gleich wieder mit dem Fredi, dem Zelt und der Luftmatratze losgezogen, um irgendwo ein anderes Naturschutzgebiet unsicher zu machen. Mit ein wenig Glück gab es vielleicht auch dort einen kleinen Supermarkt gegenüber – und diesmal würde ich eben dichthalten. Hoffentlich auch die Matratze …

Merken Sie was? Ja? Ich auch.

Ich weiß ja nicht, wie Sie darüber denken, aber selbst im Alter von vierzehn wäre ich nicht im Traum auf die Idee gekommen, mich auf einer Luftmatratze mit selbstgeschnitztem Stöpsel weiter als ein paar Meter vom Ufer zu entfernen.

Geschweige denn mit einem Rucksack auf dem Buckel und einem Topf und einer Pfanne als Ruder. Außerdem wäre ich nach der ersten nasskalten Nacht nach Hause gefahren beziehungsweise überhaupt nicht erst losgefahren, wenn es gerade in Strömen regnet. Mit einem Zelt ohne Boden.

Okay, ich wäre natürlich auch bei strahlender Sonne nicht gefahren, aber darum geht es jetzt nicht. Es geht darum, dass mein Vater durch etwaige Strapazen, Unbequemlichkeiten oder drohender Gefahr nicht im Geringsten davon abzuhalten ist, etwas einfach zu tun. Es geht darum, dass er auch kaum Anstalten macht, einer mindestens unbequemen, aber oft genug auch beschissenen Situation dadurch auszuweichen, dass er über Alternativen oder gar Konsequenzen nachdenkt.

Jetzt mag der Leser erwidern: »Moment mal, der Bub war doch erst vierzehn Jahre alt! Da setzt man sich schon mal mit einer Pfanne und einem Topf auf eine Luftmatratze mit Holzstöpsel, um über den Seehamer See zu rudern.«

Dem entgegne ich mit einem trockenen Hohnlachen und verweise auf das kommende Kapitel, das ebenfalls aus der Feder meines Vaters stammt.

Eine Pumpe für vier Halunken

von Werner Krappweis

Im Alter von zweiundzwanzig Jahren erlebte ich den großartigsten, lustigsten und ereignisreichsten Campingurlaub
meines Lebens. Ich vermute mal, dass mein Sohn Tommy
dieses Kapitel gar nicht richtig durchlesen können wird, weil
er vor lauter Kopfschütteln die Buchstaben nicht mehr
erkennt. Aber ich bedaure nur, dass ihm aufgrund seiner
Campingphobie ein Abenteuer wie dieses entgehen muss.
Allerdings sind viele der Dinge, wie ich sie nun beschreibe,
heutzutage nicht mehr möglich. Vermutlich hätte man uns
heute schon direkt an der ersten Grenze verhaftet oder zumindest gründlichst durchsucht. Damals aber sahen ja viele
junge Leute ein wenig, sagen wir mal, zerlumpt aus, und da
fielen wir echten Lumpen nicht weiter auf.

Mit drei guten Freunden, Hansi, Tom-Tom und Franz, Letzte-
rer aufgrund seines wiegenden Schrittes nur »Wago« genannt, wollten wir uns mit einer schon etwas altersschwachen Rostlaube von einem VW-Bus auf den Weg nach Sardinien machen. Das Auto hatten wir, so gut es eben ging,
notdürftig zusammengeschweißt und mit einer Art »Einrichtung« versehen.
    Besonders der Hansi war hier eine unschätzbare Hilfe. Ich
sehe in ihm bis heute so eine Art Daniel Düsentrieb, der

immer eine überraschend effektive und schnelle Lösung für technische Probleme parat hat, auf die außer ihm kaum einer gekommen wäre.

Schon beim Einsteigen fiel mir zum Beispiel ein Kabel auf, das vom Zündschloss weg unbefestigt bis auf den Boden herunterhing und dann quer durch den ganzen Bus kräuselnd bis zur Rückwand führte.

Als ich nach der Bewandtnis dieses Kabels fragte, erklärte mir der Hansi, dass irgendwo in der hinteren Beleuchtungsanlage ein Kurzschluss sein müsste und er daher schon mehrmals die Sicherung erneuert hätte.

Als dann aber auf der dreistündigen Fahrt zum Treffpunkt alle Sicherungen aufgebraucht waren, nahm er als Ersatz einfach eine kleine Patrone aus seinem mitgeführten Revolver, die praktischerweise genau in die Halterung passte.

Sprach's und startete den Wagen. Kaum waren wir wieder auf der Autobahn, knallte es plötzlich ohrenbetäubend unter dem Armaturenbrett, und Teile des Sicherungskastens splitterten durch das Auto. Da der Kurzschluss nicht beseitigt worden war, hatte sich die Patrone erhitzt und war gemäß ihrer eigentlichen Bestimmung explodiert. Dabei hatte sie den Sicherungskasten gesprengt.

Um zumindest zwei funktionierende Rücklichter zu haben, hatte der Hansi kurzerhand ein stromführendes Kabel am Zündschloss angeklemmt und einfach nach hinten verlegt.

Das hatte zur Folge, dass der Bus an der Rückseite weder Blinker noch Stopplicht oder Nummernschildbeleuchtung hatte. Dafür konnte man aber die Rücklichter nicht ausschalten. Aber so war der Hansi halt. Er machte alles nur so weit, dass es gerade funktionierte, auf keinen Fall mehr.

Jedes Mal, wenn einer an dem Kabel hängen blieb und es dadurch aus der Befestigung riss, klemmte er es einfach wieder an, ohne sich zu ärgern. Aber auch ohne etwas zu ändern.

Kaum waren wir unterwegs, hatten wir schon einen riesigen Spaß mit den dümmsten Kleinigkeiten. Zum Beispiel versuchten wir, kleine Kaugummikügelchen durch den schmalen Spalt des seitlichen Schiebefensters zu spucken. Unzählige Fehlversuche zierten bereits Scheibe, Rahmen und sogar die Decke, als plötzlich der Tom-Tom aufschrie: »Stopp, sofort anhalten!«

Wir trafen zwar nur sehr selten, aber gerade in diesem Augenblick hatte er tatsächlich ein Kaugummikügelchen durch den Spalt gespuckt – zusammen mit der Krone seines rechten Schneidezahns.

Nachdem wir sofort rechts rangefahren waren, suchten wir natürlich vergeblich nach seinem ausgespuckten Zahn. Für ihn begann der Urlaub also mit einer gut sichtbaren Lücke im vorderen Mundbereich. Für uns begann er mit dem ersten von vielen lustigen Fotos.

Aber das Besondere an unserer Urlaubsfahrt war nicht der altersschwache VW-Bus, der grenzenlose Verhau im Auto, das lose Kabel oder das große Schlauchboot auf dem Dachgepäckträger, sondern unsere bestenfalls kuriose Art zu tanken. Dazu muss ich im Vorfeld entschuldigend erklären, dass wir wirklich kaum Geld hatten und so oftmals auf unsere Kreativität angewiesen waren, wenn wir trotzdem bis nach Sardinien und wieder zurück gelangen wollten. Außerdem waren wir durch die Nachkriegszeit auch etwas mehr gewöhnt daran, uns eben irgendwie zu behelfen und uns nicht so sehr von geltenden Gesetzen bremsen zu lassen. Das geschah natürlich alles innerhalb gewisser Grenzen, aber so wie wir früher zum Kartoffelklauben geschickt wurden – die uns ja auch nicht wirklich gehörten –, verhielten wir uns nun beim »Tanken«.

Ein kleines Rechenbeispiel: Der Bus hatte einen Tank mit vierzig Litern Fassungsvermögen, dazu besaßen wir noch zwei 20-Liter-Reservekanister. Nachdem wir mit dem Bus auf hundert Kilometern ungefähr vierzehn Liter Benzin verbrauchten, kamen wir also mit achtzig Litern Kraftstoff etwa fünfhundert Kilometer weit. Das hätte unsere magere Urlaubskasse innerhalb weniger Tage komplett aufgebraucht, also hatte sich der Hansi schon im Vorfeld ein paar Gedanken gemacht.

Schließlich hatte er aus einem Eisenrohr und ein paar Teilen vom Schrottplatz eine Art Saug-Druck-Pumpe zusammengeschweißt, die einen großen Teil unseres verfügbaren Platzes einnahm. Trotzdem war sie für uns Gold wert. Allerdings geriet das Tanken jedes Mal zu einem kleinen bis mittelgroßen Abenteuer:

Erst suchten wir eine möglichst kleine Tankstelle. Dann hieß es warten, bis sie endlich geschlossen wurde und der Tankwart Feierabend gemacht hatte, was oft stundenlang dauerte. Aber wir hatten ja Zeit. War es dann endlich so weit, mussten zwei Personen in je eine Fahrtrichtung Schmiere stehen und Zeichen geben, sobald die Luft rein war. Erst dann wurde die schwere eiserne Bodenklappe der Tankstelle geöffnet, die eigentlich den Tanklastzügen zur Befüllung selbiger vorbehalten war. Der Hansi musste nie Schmiere stehen, denn seine Aufgabe war es, an den Einfüllrohren zu

△ Bernd das Brot
wurde 1999 von
meinem Kollegen
Norman Cöster und
mir erfunden. Bernd
hat es uns nie
gedankt.

Mein Schulfreund
und Bandkollege
Torsten Eichten kurz
vor einem sicherlich
epochalen Gig. ▷

△ Von links: der Bichler, der Wago und der Tomtom, fotografiert von meinem Vater
bei der Abreise nach Sardinien.

▽ Das heimelige Lagerfeuer ist offensichtlich angeheizt, jetzt muss nur noch das
undefinierbare Meeresgetier präpariert werden. Yamyam …

△ Der Wago mit dem Fang des Tages.

▽ Alles, was ich dazu schreiben könnte, weigert sich, geschrieben zu werden.
Blärch.

△ Man beachte das liebevoll aufgebrachte »D« für »Deutschland« …

▽ Mein Vater fotografierte sich mit Selbstauslöser beim Versuch, das Boot zu flicken. Meine Mutter war zu diesem Zeitpunkt bereits von einem Fischerboot mitgenommen worden.

Eine der ersten Reisen noch ohne
VW-Bus. Das gleichzeitige Füttern
während des Topfgangs ist durch
meine damalige Durchfallerkrankung zu erklären.   ▷

▽ Kurz nach diesem Foto wurde es sehr sandig in der näheren Umgebung.

△ Ich glaube, selbst mein Vater würde heute an diesem Strand nicht mehr schnorcheln wollen.

▽ Meine Mutter und ich bei einer kurzen Verschnaufpause auf dem Weg nach Egal-es-ist-überall-heiß-und-scheiße-Land.

△ Links: Wildcampingbadewanne; rechts: Die Freude über dieses Ostergeschenk ist mir ins Gesicht geschrieben. Ich trug dieses Trikot genau ein einziges Mal.
▽ Man beachte die stapelbaren Packungen im Hintergrund und vorne das Luftbrot, wie es typisch ist für Egal-es-ist-überall-heiß-und-scheiße-Land.

△ Mein Vater posiert inmitten des typisch urigen Ambientes auf Sardinien.

△ Der Kuhstrand auf Korsika. Etwa 300 Meter rechts vom Bildrand befand sich der Müllberg, in dem die Kühe hausten. Wir haben diesen Ort in den folgenden Jahren noch zwei weitere Male besucht, denn »es stinkt ja nur, wenn der Wind vom Land kommt, und des is ja so guad wia nia«.

▽ Ich blicke skeptisch auf die Brandung, durch die wir jetzt gleich hindurchmüssen, um diese Insel zu verlassen.

△ Ein weiterer Versuch, mir die Badefreuden inmitten scharfkantiger Felsen, Steine und Seeigel nahezubringen.

▽ Dank betoniertem Untergrund dauerte die wasserwaagengenaue Stabilisierung des Busses hier nur wenige Stunden.

△ Mein Vater an einem seiner Traumstrände.

▽ Ich, posierend für Papi, wegwollend.

△ Ich in typischer Urlaubsposition: lesend.

▽ Das Vorzelt zur Hölle.

△ Links: Der Altersunterschied zwischen mir und meinem Bruder Nico machte vielerlei gemeinsame Unternehmungen schwierig bis unmöglich. Den Rest erledigte mein Hang zum Einzelgängertum; rechts: Bruder Nico im Sandauto.
▽ Ich, posierend für Papi vor typisch urigem Ambiente.

△ Ich auf dem Schiefen Turm von Pisa. Ich bin nicht gelangweilt, sondern apathisch vor Panik und nicht dazu zu bringen, mich neben die Glocke zu stellen.

▽ Ich trug zwar eine Schwimmweste, aber im Boot saß dann aufgrund von Platzmangel nur mein Bruder und trieb auch alleine ab.

△ Die Beschaffenheit des Sandes lässt entweder auf Regen schließen oder darauf, dass dieser Strand sich nicht immer oberhalb des Meeresspiegels befindet.

△ Vorlage für Familie Krappweis als Cartoon-Figuren aus der TV-Serie zu diesem Buch. Irgendwie habe ich uns schon immer so gesehen …

▽ Mein Vater und ich. Die Ähnlichkeit hört entgegen meiner ursprünglichen Vermutung eben nicht beim Bartwuchs auf.

erschnüffeln, welcher Tank für uns der richtige war. Schließlich wollten wir ja weder Dieselkraftstoff noch Normalbenzin tanken, sondern wenn, dann sollte es schon Super sein. Dann erst schoben wir den sechs Meter langen Schlauch der Pumpe durch das Rohr in den Tank hinunter.

Nun trat der Mann an der Pumpe in Aktion. Diese befand sich zur Sicherheit im Auto, denn es konnte ja jederzeit passieren, dass wir entdeckt wurden, und dann zählte jede Sekunde. Schließlich war unser Bus nicht gerade für Verfolgungsjagden geeignet.

Leider war der Kolben der Pumpe nicht besonders dicht, und so sammelte sich beim Herunterdrücken jedes Mal eine nicht unerhebliche Menge Kraftstoff *über* dem Kolben, die dann bei der nächsten Zugbewegung oben an der Pumpstange mit ziemlichem Druck herausspritzte. Das hatte zur Folge, dass der, natürlich schon vorsorglich nur mit einer Badehose bekleidete, Pumper in einer Art Benzinspringbrunnen stand und von der Brust bis zu den Zehen vor Benzin nur so triefte.

Kaum waren alle unsere Tanks gefüllt, wurde die Bodenklappe wieder geschlossen, der Schlauch so schnell wie möglich in das Auto geworfen und bis zum nächsten Parkplatz gefahren.

Dort erst verstauten wir Pumpe und Kanister auf dem Dachgepäckträger, und erst jetzt konnte sich auch derjenige, der gepumpt hatte, mit einem 20-Liter-Wasserkanister notdürftig reinigen. Der Hansi hatte die ganze Zeit grinsend auf dem Beifahrersitz gesessen und genüsslich an seiner Zigarette gezogen. Es ist ein Wunder, dass wir alle überlebt haben, aber wir fanden uns natürlich auch ganz schön cool.

Nach jeder Tankaktion stank es im Auto natürlich immer entsetzlich nach Benzin, so dass wir die ersten Kilometer mit geöffneter Laderaumtür und Heckklappe fahren mussten, um den Gestank wenigstens einigermaßen loszuwerden. Es ist erstaunlich, dass uns das nie völlig gelang – und das trotz des durchgerosteten Laderaumbodens.

Nachdem jeder von uns einen Führerschein hatte, konnten wir uns beim Fahren ablösen und mussten keine Pausen einlegen.

Daher landeten wir bereits am späten Nachmittag des nächsten Tages mit der Fähre im Hafen von Olbia auf Sardinien.

Es war herrlich warm, und es dauerte nicht lange, da fanden wir auch einen geeigneten Platz zum Übernachten; eine herrlich einsame Bucht mit schroff zerklüfteten Felsen, phantastischen Tauchgründen und wildem Gestrüpp. Hier waren wir ganz sicher ungestört.

Während Hansi auf dem versenkbaren Tisch in dem heißen stinkenden Bus schlief, legten sich Wago und ich in das Schlauchboot oben auf dem Gepäckträger. Tom-Tom zog es in dieser Nacht vor, am Boden im warmen Sand zu schlafen.

Am nächsten Morgen war er von den Mücken so zerstochen und aufgeschwollen, dass wir ihn kaum wiedererkannten. Seine Zahnlücke passte jetzt sehr gut zu dem unförmigen Gesicht, und er sah aus wie ein gutmütiges Monster. Für ihn war es sicher nicht besonders angenehm, doch wir drei Freunde fanden sein Aussehen sehr, sehr lustig, und ich bereue es bis heute, dass ich das Foto nicht mehr wiederfinde. Vielleicht hat es der Tom-Tom nach dem ersten Dia-Abend heimlich vernichtet.

Auf jeden Fall bauten wir nun vor dem Bus das Vorzelt auf und richteten uns häuslich ein.

Während der drei Wochen auf Sardinien aßen wir jeden Tag selbstgefangenen Fisch. Dazu hatten wir einen Sack mit Kartoffeln, die wir roh in die Pfanne hobelten, um uns Bratkartoffeln zu machen. Dafür und für den Salat war ich zuständig.

Solange wir an diesem Platz waren, aßen wir fast ausschließlich Tomatensalat, denn Tomaten ernteten wir immer nachts auf einem nahe gelegenen Feld. Als Nachspeise gab es Melone, die wir unweit genauso günstig bekommen konnten – ganz so, wie wir das in unserer Kindheit mit den Kartoffeln, den Holzkohlen und anderen Dingen geübt hatten.

Der Wago kannte nicht nur alle Tiere des Meeres und wusste, wie man sie am schmackhaftesten zubereiten konnte. Nein, er war auch der beste Fischer von uns. Allerdings nicht ein solcher Fischer, der seine Angel sehr lange ins Wasser hält. Wagos Art zu fischen war deutlich aktiver. Jeden Morgen ging er mit Taucherbrille, Schnorchel, Flossen und Harpune bewaffnet auf die Fischjagd. Alles oder zumindest fast alles, was wir fingen, bereitete Wago für uns wirklich schmackhaft zu.

Ein paar Dinge waren dabei aber zu beachten: Oktopusse musste er zum Beispiel erst eine halbe Stunde gegen einen Felsen schmettern, damit das Fleisch so weich wurde, dass man es braten und essen konnte.

Die Fische wurden geschuppt und fachmännisch ausgenommen, was der Wago sonderbarerweise am liebsten auf dem Tisch im Bus machte. Das hatte zur Folge, dass sich nach kurzer Zeit sämtliche sardischen Fliegen in unserem Bus aufhielten und sich dort sichtlich wohl fühlten. Auf Sardinien gibt es sehr viele Fliegen.

Hätten wir nachgedacht, wären wir vielleicht auf die Idee gekommen, abends ganz schnell die Türen des Busses zu schließen. So hätten wir alle Mücken und Fliegen des Umkreises dort zu deren eigener Überraschung eingesperrt und im Vorzelt in Ruhe schlafen können.

Einmal fuhren wir sogar um Mitternacht auf die Jagd. Nicht weil das besondere Vorteile gehabt hätte, sondern weil wir das noch nie gemacht hatten. Das war für uns mehr als Grund genug!

Dank einer Taschenlampe in einer aufgeblasenen Plastiktüte sahen wir sogar ein bisschen was, und der Wago erwischte mit seiner Harpune doch glatt einen kapitalen Meeraal! Begeistert ruderten wir zurück zu unserem Platz, um uns ein Mitternachtsmahl zu bereiten.

Schnell loderte die Glut wieder auf, und schon hatte unser Meeresfrüchte-Experte den Aal in Stücke geschnitten, gut gewürzt und in die Pfanne geworfen. Ich machte mich wieder an die Arbeit mit den Bratkartoffeln, die ich auf unserem Benzinkocher zubereitete. Dabei kam uns in den Sinn, dass wir ja wahrlich genug Benzin zur Verfügung hatten, und weil es gerade so schön dunkel war, erlaubten wir uns ein kleines Experiment: Wir füllten den kleinen Benzintank des Kochers bis zum Rand auf und brachten ihn richtig auf Druck. Diesen konnte man mit einer kleinen integrierten Handpumpe ganz einfach steigern. Als Nächstes nahmen wir das Verteiler-stück oben ab, zündeten das Benzin und drehten dann ruck-artig ganz auf: Der Effekt war eine gigantische Feuersäule, die sehr kurz mehrere Meter hoch in die Luft schoss. Dieses Feuerwerk war nicht gerade ungefährlich, aber gleichzeitig auch so faszinierend wie kurz, dass wir gar nicht anders konnten, als es immer und immer wieder zu versuchen.

Wir waren schnell so sehr beschäftigt damit, den Druck noch etwas zu erhöhen, um die Stichflamme noch ein biss-chen höher in den Nachthimmel schießen zu lassen, dass wir unseren Aal in der Pfanne auf dem Grill vergessen hat-ten. Aus dem war nämlich inzwischen sehr viel Fett heraus-gebraten. Schließlich lief die Pfanne über, und das Fett fing Feuer.

Diese Feuersäule war zwar nicht ganz so hoch wie die des Benzinkochers, aber dafür war sie so breit wie unser Lagerfeuer und ließ sich nicht durch Wasser löschen, son-dern nur verschlimmern. Nachdem das Feuer irgendwann heruntergebrannt war, erinnerte nur noch ein kleiner Metall-stumpf an die Stelle, wo die Pfanne einmal einen Stiel ge-habt hatte, und von dem Aal war nichts mehr übrig.

Spätestens jetzt stellten wir fest, dass unser Fischexper-te doch nicht alles wusste. Hätte er nämlich vorher und nicht erst nachher in sein schlaues Fischerbuch geschaut, hätte er gelesen, dass man so einen Aal nicht braten kann, weil er so unglaublich fetthaltig ist.

Besser schmeckten uns da schon Muränen, und es mach-te viel Spaß, diese länglichen Fische zu fangen.

Muränen liegen immer in Höhlen und Grotten auf der Lauer. Schwimmt ein Lebewesen vorbei, schießen sie blitzschnell aus ihrem Versteck hervor, reißen mit ihren scharfen Zähnen ein Stück Fleisch aus ihrem Opfer, um dann rückwärts wieder in ihrer Höhle zu verschwinden. Diese Taktik wollten wir uns zunutze machen.

Da wir wussten, dass es an einer nicht sehr weit entfernten Steilküste Muränen gab, machten wir uns mit dem Schlauchboot auf den Weg.

Dort angekommen, sollte ich an der stark zerklüfteten Felswand vorbei auf- und abtauchen, um die Muränen aus ihrem Versteck zu locken. Ich hatte nun mal durch den Radsport das größte Lungenvolumen und konnte daher am längsten unter Wasser bleiben. Dabei war es natürlich sehr wichtig, den richtigen Abstand zwischen mir und der Wand zu halten. War ich zu weit weg, wäre es für die Muräne uninteressant gewesen, ihr Versteck zu verlassen, war ich zu nah dran, konnte das sehr schmerzhaft werden. Auch aus einem anderen Grund empfahl es sich, die Entfernung peinlichst genau einzuhalten und nicht die Arme oder Beine zu sehr zur Seite zu strecken, denn hinter mir schwammen der Tom-Tom und der Wago, beide bewaffnet mit gespannten Harpunen.

Wenn tatsächlich eine Muräne aus ihrem Loch kam, um sich einen vermeintlich fetten Happen zu holen, hatten die beiden, bevor das Tier wieder verschwand, nur einen kurzen Augenblick Zeit, um zu schießen.

Was soll ich sagen, diese Art der Fischjagd war für uns jedes Mal überaus erfolgreich. Dabei war sie sehr aufregend und machte, zumindest den anderen, immer großen Spaß. Mir war manchmal schon ein bisschen mulmig zwischen Muränenriff und Harpunengeschossen – aber das hätte ich natürlich niemals zugegeben.

Verletzungen waren aber auch so recht häufig, und das lag meistens daran, dass wir Spaß daran hatten, uns gegenseitig mit Blödsinn zu überbieten. So versuchten wir einmal, mit Anlauf von einer mehrere Meter hohen Düne so weit wie möglich hinaus- und dann in den tiefen Sand hinunterzuspringen. Dabei sprang ausgerechnet der Tom-Tom in eine große Muschelscherbe und zog sich am Fuß eine sehr tiefe und schmerzhafte Schnittverletzung zu. Zusammen mit seiner Zahnlücke und den andauernden Mückenverwüstungen in seinem Gesicht war er nun kosmetisch doch recht sichtbar beeinträchtigt.

Doch auch mich plagte mehrere Tage lang ein recht hartnäckiges Problem, und das hatte ich ausschließlich mir selbst zuzuschreiben. Tom-Tom erklärte uns nämlich eines Tages, dass man den Inhalt von Kakteenfrüchten essen könne und dass dieser wie Marmelade schmeckte. Zum Beweis zog er sich dicke Arbeitshandschuhe an und griff sich eine der Früchte. Dann schnitt er sie in der Mitte auseinander, löffelte vorsichtig das süße Mark heraus und aß es.

Hansi wollte das toppen und wies auf die dicke Handwerkerhornhaut an seinen Händen hin. Er hatte wirklich eine Haut wie grobes Schleifpapier. Also lächelte er nur mitleidig, nahm eine Frucht mit bloßen Händen, zerteilte sie und probierte sie ebenfalls. Tom-Tom sagte nichts, lächelte nur sein lückenhaftes Lächeln und aß weiter.

Hansis Aktion war von mir natürlich nur noch zu überbieten, indem ich – natürlich auch ohne Handschuhe – eine Kakteenfrucht pflückte, sie aber nicht einmal teilte, sondern direkt zwischen den feinen Stacheln hineinbiss.

Im ersten Moment fanden wir das alle sehr lustig.

Dann begann es zu jucken. Erst an der feinen Haut zwischen den Fingern, dann an der ganzen Hand … und schließlich auf den Lippen, auf der Zunge und im gesamten Rachenraum. Dazu bildeten sich an den genannten Stellen unzählige kleine Bläschen, die sich mit Eiter füllten und mir für ein paar Tage fast den Spaß an diesem großartigen Urlaub vergällten. Ich konnte kaum sprechen, nur unter Schmerzen essen oder trinken, und es juckte zum Aus-der-Haut-Fahren. Nach drei oder vier Tagen waren die feinen Kakteenstacheln aber endlich ausgeeitert, und ich zog daraus für mein weiteres Leben eine Lehre: Nie wieder habe ich seitdem sardischen Kaktus gegessen.

Schließlich war es Zeit, diesen wunderschönen Ort zu verlassen. Gemeinsam packten wir zusammen und öffneten die vorderen Fenster und die Heckklappe. Als wir losfuhren, beschleunigten wir so schnell wie möglich, damit die unzähligen Fliegen und all das andere flugfähige Ungeziefer vom Fahrwind aus der Heckklappe gedrückt wurden.

Dabei galt es, so schnell zu fahren, dass uns der seiner miefenden Behausung so unvermittelt beraubte Insektenschwarm nicht wieder einholen konnte. Das war mit dem altersschwachen, überladenen Bus nicht ganz einfach. Aber wir schafften es und waren bis auf die vielen verendeten Viecher, die überall herumkullerten, zum ersten Mal seit Wochen weitestgehend ungezieferfrei.

Viel passierte nun nicht mehr auf der Heimfahrt. Bei dem Weg Richtung einer Stadt namens Nuoro wurden wir allerdings eines Nachts von einer Straßensperre gestoppt.

Scheinwerfer flammten auf, Polizisten mit schusssicheren Westen und Maschinengewehren tauchten von überall her auf, umstellten unser Auto und forderten uns barsch auf, auszusteigen. Kaum standen wir zusammen mit dem Fisch-, Fliegen- und Benzingestank halb nackt auf der Straße, erkannten sie unser deutsches Nummerschild. Obwohl wir ausgesehen haben mussten wie eine Gruppe Landstreicher und das Innere des Busses wirkte wie eine Mischung aus Schrottplatz, Müllhalde und Fischgeschäft, durften wir sofort wieder einsteigen, mussten aber umdrehen und zurückfahren.

Später erfuhren wir, dass die Stadt Nuoro die sardische Mafiahochburg ist, und waren froh, dass man uns aufgehalten hatte. Am Ende hätten sie mir aber vielleicht sogar dieses berühmte Angebot gemacht, das man nicht ablehnen kann. Denn in ganz Nuoro gab es sicher keinen, der mit Bezin duscht, freiwillig vor einem Muränenfelsen hin- und herschwimmt und nur mal so zum Spaß in einen ungeschälten Kaktus beißt.

Kennen Sie den Gefahrensucher aus dem Film Kentucky Fried
Movie? *Das ist ein bebrillter, eher unscheinbarer Mann mit Helm,
der sich zwischen eine Gruppe afroamerikanischer Leute stellt und
»Nigger« brüllt. Dann läuft er weg, und kurz bevor sie ihm völlig
zu Recht die Nuss polieren, wird abgeblendet.*

*Ich sehe meinen Vater so ähnlich, nur ohne Brille, tumbe Verbal-
provokation oder Helm. Ja, mein Vater ist ein Gefahrensucher. Er
braucht den Nervenkitzel anscheinend, um sich selbst zu bestätigen,
dass er existiert. In der nun folgenden Anekdote tritt das besonders
deutlich zutage, und es lässt sich auch eine direkte Linie ziehen zu
den leicht entflammbaren Tankgängen und pyromanischen Experi-
menten mit Benzinkocher aus obigem Bericht.*

Gas, ah Schmarrn!

Zuallererst sei noch einmal darauf hingewiesen, dass die Kühltruhe in unserem Campingbus mit Gas betrieben wurde. Das war der Grund, warum wir immer mehr als genug Gasflaschen auf dem Dachgepäckträger mit uns führten. Mein Vater war nicht nur bei Milch, Salz, Zucker oder Dosenfraß besessen von der Angst, dass wir vielleicht nicht genug von alldem dabeihaben könnten. Nein, das traf auch und ganz besonders auf Gas zu. Ohne Gas keine Kühlung und ohne Kühlung kein Transport verderblicher Lebensmittel. Selbst mein Vater wollte sich nicht nur von Dosen, sauer Eingelegtem und Trockenkeks ernähren.

So hatte ich aber während unserer Fahrten durch die Wüsteneien der mehr oder weniger benachbarten Südländer oftmals ein arg dräuendes Gefühl, wenn es wieder heiß und heißer wurde und die Sonne wie mit glühenden Stacheln auf unseren Dachgepäckträger brannte. Dort unter den mehreren Lagen Moosgummi-Teppich lagen schließlich ein paar umfangreiche, signalrote Gasflaschen und warteten nur darauf, in einem möglichst unerwarteten Moment überraschend zu expandieren.

Und es begab sich, als wir wieder einmal auf einer notdürftig asphaltierten Straße dahintuckerten, dass ich den Blick gen Wagenhimmel lenkte und mir dachte, ob Erschütterungen eigentlich für Gasflaschen auch ein Problem sein können.

Just in dem Augenblick hob meine Mutter ruckartig die Hand und sagte so, wie nur sie es konnte: »Werni.«

Mein Vater kannte diesen Tonfall gut genug und fuhr sofort rechts ran. Mami schnupperte durch die Luft und sprach dann ganz leise, als wäre zu hohe Lautstärke leichter entzündlich: »Werni, es riecht nach Gas!«

Mein Vater schnüffelte, ich schnüffelte mit – wagte aber kaum, mich zu bewegen, obwohl mir rein theoretisch schon klar war, dass das von der Explosionsvermeidung her ebenso albern war wie Flüstern.

»Ah, Schmarrn«, winkte mein Vater schließlich ab, startete den Motor und lenkte den Bus wieder auf das schlaglochgesegnete Teer-Waschbrett, das nur durch gelegentliche einsame Leitplankenreste als Straße zu identifizieren war.

Irgendwie beschlich mich ein Gefühl von Déjà-vu, als meine Mutter fünf Minuten später abermals die Hand hob und wieder meines Vaters Namen hervorstieß. Der seufzte tief, hielt aber sofort wieder brav an.

»Werni, ich schwöre es dir. Hier riecht es nach Gas!!! Ist da oben irgendwas nicht richtig zu?« Damit meinte meine Mutter die Sprengladung auf dem Dach.

Mein Vater schüttelte nur mitleidig den Kopf. »Glaubst du, dass du da herunten riechst, wenn da oben a Gasflaschn ned dicht is? Ja so ein Schmarrn.«

Und jetzt machte meine Mutter einen Fehler: Sie zweifelte indirekt die handwerklichen Fähigkeiten und die Gründlichkeit meines Vaters an. »Vielleicht ist ja bei der Kühltruhe irgendwas nicht richtig angeschlossen und …«

Da polterte Papi auch schon los, denn *das* konnte er natürlich überhaupt nicht auf sich sitzen lassen: »Was? Die zwoa

Schläucherl da soll ich ned richtig zamgschraubt ham? Ah, geh. Mir fahrn jetzt weiter. Des stinkt halt wieder a bissl von drau-ßen rein, wenn der Teer in der Sonne weich wead.« Er kurbelte sein Fenster hoch und drückte wieder aufs Gaspedal.

Doch kaum war er ein paar Meter gefahren, schrie meine Mutter ihn an: »Halt an! HALT AN!«, und er tat just dies. Meine Mutter griff mit beiden Händen die Backen meines Vaters und drehte seinen Kopf gewaltsam zu ihr. Dann sprach sie sehr leise und eindringlich, als würde sie eine Kuh hypnoti-sieren. »Werni. BITTE. SCHAU. NACH.«

Mein Vater sah ein, dass es nur einen einzigen Weg gab, um diesen Blödsinn zu beenden. Er würde nachsehen, dabei sehr viel seufzen, dann wieder einsteigen, und wir würden weiter-fahren. Wie bei der Spinne damals, nur ohne Ein- und Ausräu-men und … na ja, ohne Spinne. Und außerdem hatte es die Spinne ja wirklich gegeben, und dieses Gasgespinst war nun mal völliger Unsinn.

Also lenkte er den Bus mit schicksalsergebenem Blick auf ei-nen schmalen Feldweg und hielt an. Dann stieg er aus und ging um das Auto herum. »Bua, steig aus, die Mami will heut nicht mehr ankommen und noch eine Nacht aufm Parkplatz schlafen.«

Ich verdrehte genervt die Augen, legte meinen Kassetten-rekorder zu Seite und stieg aus. Mitten hinein in die nieder-schmetternde Hitze von Egal-es-ist-überall-heiß-und-schei-ße-Land irgendwo in der kargen Provinz von Und-heute-ganz-besonders-Boah.

Mein Vater schaffte es diesmal, bei wirklich jedem zweiten Handgriff zu seufzen. Meine Mutter blieb ungerührt und sah ihm dabei zu, wie er mein Spielzeug, die Bücher und die

Kassetten von der Sitzbank räumte, selbige abhob und zur Seite stellte. Dann fing er an, die Stelle freizuräumen, an der sich das einzig in Frage kommende Anschlussstück der Gasleitung befand, wo eventuell irgendetwas ... aber das war sowieso garantiert nicht der Fall.

War es aber doch. Mochten es die Schlaglöcher gewesen sein, Materialermüdung oder der Pumuckl – die Gewinde hatten sich gelöst, und in der Tat war wohl etwas Gas ausgetreten. Meine Mutter war ebenso alarmiert wie zufrieden. Freuen konnte sie sich nicht über ihren Sieg, denn wer freut sich schon über ein Gasleck im Auto?

Mein Vater bemühte noch weitere Theorien, wie das passiert sein konnte, während er die beiden breiten Sechskantmuttern mit Kombizange und Schraubenschlüssel so hermetisch gegeneinander verdrehte, dass dazwischen sogar die Luftmoleküle wegen Platzmangels in einen anderen Stadtteil ziehen würden. Im Endeffekt hatte er sich auf den Hersteller der Teile herausgeredet und versprach, nie mehr wieder irgendwelche ausgemusterten Ersatzteile aus der Werkstatt bei der Post zu verwenden, denn das Zeug war ja oft schon bei Anlieferung im Zustand des organischen Zerfalls.

»Dass die auch nur immer des billigste Glump bei der Post einkaufen ...«, murmelte er und schüttelte den Kopf. Er öffnete die Kühltruhe und hielt prüfend die Hand hinein. Dann seufzte er abermals. »Scheiße. Aus«, fluchte er, und wir wussten, was das hieß: nämlich dass er doch mehr ausräumen musste als gedacht, denn nun galt es, die aus Gasmangel erloschene kleine Flamme wieder anzuzünden. Da die Kühltruhe keinen Piezozünder hatte, musste man das händisch mit einem Feuerzeug oder Streichholz erledigen.

Nach einer Viertelstunde befand sich der gesamte Inhalt der Eckbank auf dem steinigen Feldweg, und mein Vater zog ein Päckchen Streichhölzer aus einer der schmalen Schubladen. Dann beugte er sich mit dem Oberkörper tief hinein in den Kasten der Eckbank, genau da, wo ich vorhin noch gesessen hatte. Meine Mami und ich hörten das leise *Flitzzz …* des Streichholzes auf der Reibefläche, und unsere Welt wurde hell. Dazu machte es gar nicht leise FLUFF.

Als wir wieder etwas erkennen konnten, bot sich uns ein Bild des lachhaften Schreckens. Schrecken, weil die orangefarbenen Vorhänge brannten und mein Vater sie gerade mit einem Lappen ausschlug. Lachhaft, als er sich nach erfolgreicher Löschung dieser und weiterer kleiner Brandherde im direkten Umfeld zu uns umdrehte.

Mein Vater hatte keine Wimpern mehr und auch keine Augenbrauen. Dafür hatte er jetzt eine sehr hohe Stirn. In meiner Erinnerung war er außerdem rußgeschwärzt und dampfte leicht. Aber wie so oft mag das einfach nur der Einfluss von Daffy, Bugs und den Vätern der Klamotte gewesen sein.

Erst als wir Stunden später schweigend weitergefahren waren und schließlich doch noch einen halbwegs erträglichen Standplatz für die Nacht gefunden hatten, erklärte mein Vater, was er eigentlich hätte voraussehen sollen: In der Eckbank, auf der sein damals einziger Sohn die gesamte bisherige Reise zugebracht hatte, war in der Tat durch das Leck Gas ausgetreten. Da das Gas schwerer als Luft ist, hatte es erst einmal den ganzen Kasten unter mir aufgefüllt, bis es dann auch bei jeder Bodenwelle mehr und mehr durch die Ritzen gepresst wurde und irgendwann in der Nase meiner Mutter gelandet war. Der Funke des Streichholzes hatte mehr als ausgereicht, um das gesamte Gas in der Eckbank zu entzünden und zu dieser überaus lehrreichen wie effektvollen Verpuffung geführt.

Mir war es auf jeden Fall deutlich lieber, dass wir nun keine Vorhänge mehr hatten und mein Vater aussah wie ein halbrasierter Tennisball, als wenn wir alle mitsamt dem ganzen Kram in die Luft geflogen wären, um dann wie in einem *Clever&Smart*-Comic zusammen mit Konserven, Moosgummi-Teppichen, einem Schlauchboot und Dingen, die man klappen kann, in einer stationären Umlaufbahn die Erde zu umkreisen.

Dies ist eine der Lieblingsanekdoten meines Vaters, und er lacht beim Erzählen immer ganz besonders laut. Ich auch bald. Bestimmt.

Überwinde die Scham, sei frei

Diese folgende Geschichte hat mir meine Mutter erzählt. Es begab sich zu einer Zeit, als ich kaum älter als ein Jahr gewesen sein kann.

Schauplatz: Irgendeins dieser typischen Pizzagyros- oder Souvlakipasta-Restaurants auf dem Campingplatzgelände, wo man sich des Abends launig trifft und Camperflachs austauscht. Korbgeflochtene Wackelstühle und rot-weiße Tischdecken, die mit durchgesickertem Kerzenwachs auf den Tischen befestigt wurden, damit das Personal die Decken nicht klauen kann, ohne mit dem Tisch zu flüchten. Die alten Campingveteranen sitzen in der Ecke und schütteln gutmütig den Kopf über die jungen Camper, die keine Ahnung haben, wie es früher war, als die Zelte noch aus Holz waren und man für das Wasser erst einmal mit den Zähnen eine Zisterne in den Stein fressen musste. Dazu läuft landestypische Musik, irgendein Sirtaki von Al Bano und Romina Power. Und während ich gerade mal einjährig im nahe gelegenen Campingbus in Sichtweite schon längst schlummere, gönnen sich meine Eltern noch ein bisschen geselliges Beisammensein. Bald erstirbt jegliche Unterhaltung, denn mein Vater hat begonnen, mit lauter Stimme Anekdoten zum Besten zu geben. Glücklicherweise kann mein Vater wirklich gut und pointiert erzählen, und er hat auch die richtige Stimme dafür. Bis heute wird er immer wieder gerne von Vereinen und Firmen als Nikolaus gebucht, vielleicht auch, weil man sich dann die Mikrofonanlage spart. Nun hat mein Vater an diesem Abend aber irgendwann alle bis dahin erlebten Anekdoten erzählt, und meine Mutter kennt sie eh schon recht gut bis auswendig rückwärts. Als er droht, wieder von vorne anzufangen mit der Geschichte, wo er als kleiner Junge die Tomaten an die Wohnzimmerwand geschmettert hat, weil er seinen Bruder verfehlte, drängt also meine Mami meinen Papi, doch nun auch die Bettstatt aufzusuchen.

Widerwillig trennt er sich schließlich von der hysterisch lachenden Meute, die natürlich untröstlich ist, dass ihr ganz persönlicher Alleinunterhalter bereits schlafen gehen muss. Augenblicklich kehrt nun Stille ein in der eben noch so lustigen Hütte, als offenbar wird, welch ausladendes Unterhaltungsvakuum mein Vater nun hinterlässt. Hätte man sich mehr untereinander unterhalten, müsste man nun nicht bei null beginnen. Oder eher bei minus zehn, denn wer will nach dem Auftritt meines Vaters jetzt mit seinen eigenen armseligen Erlebnissen abstinken? Eben.

Meine Mutter hatte auch gar keine Wahl, als meinen Vater mit ins Bett zu nörgeln. Niemand – von kleinen Kindern mal abgesehen – kann schlafen, wenn mein Vater die ganze Bucht mit lustigen Schwänken beschallt. Und nachdem er den Rest der jovialen Bande in peinlichem Schweigen zurücklässt, droht hier auch keine weitere Ruhestörung.

So ist meine Mami schließlich friedlich neben ihrem kleinen Sohn entschlummert und bemerkt nicht, wie es wenig später leise an der Scheibe des Busses klopft …

Als sie irgendwann in der Nacht hochschreckt, ist mein Vater verschwunden. Dafür hört sie ein wohlbekanntes dröhnendes Lachen von draußen. Sie wirft sich etwas über, klettert bedröppelt aus dem Bus und tappt zurück zu dem Restaurant. Dort sitzt ihr Ehemann an dem kleinen Tresen. Vor sich einen Orangina-Raki mit Schirmchen. Um sich die johlenden Mitcamper. Und ansonsten nichts. Im Sinne von »nichts an«. Mein Vater sitzt nackt in dem Restaurant und wiegt gerade mit einer alten Schalenwaage die rechte Brust einer voluminösen Camperin. Strafmildernd sollte ich vielleicht erwähnen, dass die Dame so wie alle anderen außer meinem Papi vollständig bekleidet ist.

Meine Mutter starrt meinen Vater fassungslos an. Mein Vater lacht, als er sie entdeckt, und sagt vermutlich irgendetwas Lustiges, denn alles johlt abermals auf.

Wortlos nimmt meine Mutter ihren nackten Ehemann an der Hand und führt ihn zurück zum Bus. Der winkt lachend, und alle winken lachend zurück. Es fallen Sprüche, in denen das Wort »Pantoffel« eine entscheidende Rolle spielt.

Im anschließenden mit zischenden Stimmen geführten Flüsterdisput stellt sich heraus, dass die Campergesellschaft ohne meinen Vater in der Tat kein eigenständiges Gespräch oder sonst irgendeine Form von Geselligkeit entwickeln konnte. Fernseher war auch keiner da, also schickte man einen von ihnen los, um den bayrischen Hauptspaßmeister zurückzuholen. Der war aber bereits nackig ausgezogen und auf dem Sprung ins Bett. Dies teilte er dem Boten auch flüsternd mit, doch der antwortete angeblich mit dem lahmen Gag: »Dann kommst halt nackig mit.«

Und jetzt kommen wir schließlich zu dem essenziellen Punkt! Denn hier hätte mein Vater ja auch einfach mitleidig lächeln, sich wegdrehen und einschlafen können.

Aber nein.

Hier stand schließlich eine weitere verlockende Überwindung im Raum. In diesem Fall kein Kampf gegen die Elemente oder die schwindende Kraft bei einem Bergzeitfahren. Hier ging es um die Überwindung der Schamgrenze! Auf eine gewisse Art und Weise ist das genauso hart wie das Anschwimmen gegen ein paar Seemeilen Wellengang. Oder härter. Und natürlich nimmt mein Vater die Herausforderung an! NATÜRLICH!

Um das Ganze aber noch ein wenig spannender zu gestalten, schnappt er sich noch einen Pappkarton von dem klischeehaft südländischen Müllhaufen hinter der Korbstuhl-Kaschemme und reißt ein paar strategische Löcher rein.

So tritt er schließlich nachts um eins als eine Art Papp-Roboter in die Gaststube, und sofort ist wieder Halligalli, die Saragossa-Band spielt *Zabadak,* und alles klatscht mit auf die geraden Takte. Horrido!

Nun stand laut meinem Vater bald die Frage der anwesenden Damen im Raume, ob er denn wirklich unter dem Karton nichts als seine Mannbehaarung trüge, und mein Vater entgegnete mit dem Angebot, man möge das doch bitte selbst überprüfen – er sei schließlich frisch verheiratet.

Das ließen sich die Vorzeltfurien nicht zweimal sagen, und so wurde ein Loch nach dem anderen in den Karton genudelt, um dann mit ein bis zwei spitzen Schreien und Gegacker wiederholten Direktkontakt mit dem gestählten Körper meines Vaters zu quittieren.

»Also Werner, Sie Schelm, Siehihihi! Was ist denn das?!«

»Die Wasserschlange aus dem Brunnen, Horrhorrhorr!«

Okay, hier springe ich ein wenig zu sehr in der Zeit auf und ab, aber Sie verstehen, was ich meine. Nachdem der Pappkarton nur noch aus Löchern bestand, konnte er seine Funktion als letzter Verteidigungswall vor der entgültigen Entblößung nicht mehr wahrnehmen und löste sich auf in hysterisches Geschrei aller Anwesenden.

Wie es dann dazu kam, dass mein Vater die Brüste der Damen auf einer altertümlichen Waage nach Anzahl der zum Ausgleich benötigten Pfundgewichte vermaß, kann auch er heute nicht mehr sagen. Das Einzige, an was er sich in dem Zusammenhang erinnert, ist die Zahl Fünf. Glückwunsch.

Auf die Frage meiner fassungslosen Mami, was er sich bei alldem eigentlich gedacht habe, antwortete mein Vater im Brustton der Entrüstung: »Wieso? Der hat doch gesagt, ich soll nackert mitkommen! Ich hab mir ja immerhin noch schnell was übergezogen, aber des ham s' mir dann ja kaputt g'macht.« Was soll man da noch sagen?

Fassen wir also zusammen: Mein Vater überwindet sich gern in allen Belangen. Und wenn dabei noch eine Form von Mittelpunktsgewinnung im Spiel ist, wächst er über sich selbst hinaus. Darum war er wohl im Radsport so erfolgreich und mehrfach Bayrischer und Deutscher Meister. Weil er sich da immer wieder überwinden, die Erschöpfungsgrenze weiter verschieben musste und dabei auch noch Publikum hatte! Perfekt!

Und vielleicht wollte er auch mir diese seltsame Art der Freizeitgestaltung auch irgendwie schmackhaft machen. Allerdings glaube ich nicht, dass er mich dazu erziehen wollte, irgendwann auch nackt am Tresen zu sitzen. Aber er versuchte sehr aktiv, mir den Spaß daran zu vermitteln, gegen sich selbst und seinen beziehungsweise meinen inneren Schweinehund zu kämpfen. Außerdem gegen Wind, Wetter, Wasser, Sonne, Feuer, Sand, Flora, Fauna, Viren, Blutvergiftungen, bakterielle Infektionen, blaue Flecken, Erschöpfung oder einfach nur gegen leise Bedenken.

Aber mal abgesehen von der Tatsache, dass es auf jeden Fall richtig und gut ist, im Leben nicht immer gleich einzuknicken oder beim ersten Anzeichen von Widerstand zurückzuweichen … was genau hat all das eigentlich mit dem herkömmlichen Sinn des Wortes »Urlaub« zu tun!?

Der Campingplatz im Tunnel

Klingt erst mal seltsam, was? Gut, der Campingplatz befand sich nicht direkt im Tunnel, aber die Zufahrt befand sich dort. Auch ansonsten war der Platz verdammt nah am Tunnel, nämlich direkt darunter am Hang. Auch ansonsten ist der Campingplatz für mich untrennbar mit dem Tunnel verbunden, denn hier hatte ich in meiner Kindheit ein paar ausnehmend prägende Erlebnisse.

Diesmal weiß ich sogar, wo in etwa das war: am Gardasee unterhalb dieser Straße namens Gardesana, die man nicht als tunnelreich bezeichnen kann, weil das impliziert, dass da viele Tunnels wären. Viel ist aber gar kein Ausdruck. Laut Wikipedia sind es siebzig.

Entsprechend irrsinnig war auch die Zufahrt zu dem Campingplatz, der sich dort an die schroffe Felswand klammerte, als hätte er Angst, mitsamt der ganzen Camperbagage abzurutschen und im See zu versinken. Grundsätzlich keine unschöne Vorstellung, aber ab dem Moment, als auch wir dort unser Lager aufschlugen, war ich verständlicherweise gegen eine Versenkung.

Erwähnenswert erscheint mir noch, dass die Fahrt dorthin für unsere Verhältnisse recht entspannt ablief. Es war nicht ganz so irrsinnig heiß, der Gardasee war nicht das Meer und wirkte von der Uferstraße aus fast schon einladend, ich hatte zwei neue *Pu-muckl*-Kassetten bekommen, die ich auswendig lernen konnte, und zudem jede Menge Bücher aus der Leihbibliothek ausgeliehen. Ich war also verhältnismäßig entspannt und fühlte mich gewappnet. Allerdings nicht auf das, was nun folgte.

Zunächst mussten wir erst einmal auf diesen Campingplatz gelangen, oder sagen wir besser: Mein Vater musste auf diesen Campingplatz gelangen, und das aus mehreren Gründen. Erstens, weil dieser sich so pittoresk an die schroffe Felswand klammerte, zweitens, weil das Wasser des ansonsten recht badefreundlichen Gardasees nur hier so einladend düster gegen die Gestade schlug, und drittens, weil die abenteuerlich enge Einfahrt via Tunnelöffnung ab-so-lut ungeeignet war für einen VW-Bus mit Dachgepäckträger und Bootsanhänger.

Eigentlich hätte hier ein Schild hingehört mit einem rot durchgestrichenen VW-Bus-mit-Gepäckträger-und-Bootsan-hänger-Piktogramm. Aber da das in dem düsteren Tunnel sowieso kein Mensch bemerkt und es außerdem finanzielle Einbußen für den Campingplatz bedeutet hätte, gab es dort nichts dergleichen. Stattdessen befand sich ein Loch in der Tunnelwand und ein verheißungsvoll gleißender Ausblick auf den Gardasee. Dieser Ausblick war deswegen so direkt und unverstellt, weil die Sicht nicht durch den Campingplatz blockiert wurde. Der befand sich sozusagen unterhalb des Loches in verschiedenen schmalen Stufen.

Mit der Begeisterung eines Mannes, der eine Herausforderung wittert, bremste also mein Vater mitten in dem Tunnel und setzte ein kleines Stück zurück, wobei der ausladende Anhänger mit dem Boot darauf dem Ganzen noch eine entsprechende Würze verlieh.

Schon starteten die ersten Autos hinter uns ihr landestypisches Hupkonzert, aber das machte meine Eltern nicht mehr nervös, und sogar ich hatte dank diverser Italienurlaube auf dieser Frequenz längst eine selektive Taubheit entwickelt. Für mich wirkte es, als würden die Italiener schon beim Einsteigen hupen, dann beim Losfahren und schließlich in jeder Kurve und ansonsten bei jeder sich bietenden Gelegenheit. Erstaunt hatte ich auch festgestellt, dass die italienischen Autofahrer/-innen sich grundsätzlich und immer sehr angeregt unterhielten und dabei unwahrscheinlich intensiv mit den Armen herumwedelten. Dabei schien es egal zu sein, ob sich jemand mit im Auto befand. Es wurde laufend geredet, gestikuliert und dazu gehupt. Wie sie gleichzeitig noch genug Hände hatten, um die Autos zu lenken, konnte ich mir nicht erklären. Wenn man bedenkt, dass sie heutzutage auch noch gleichzeitig telefonieren, ist das vielleicht ein triftiger Grund, auf Flugzeug oder Bahn umzusteigen.

Inzwischen standen wir quer in dem Tunnel und versperrten erfolgreich beide Fahrtrichtungen. Das Hupkonzert steigerte sich zu einem Crescendo, als sich nun auch noch der Gegenverkehr dazugesellte. Interessant auch, dass die vielen Autos mit deutschem Nummernschild eifrig dazu beitrugen, wobei doch hier davon auszugehen war, dass sie sich im Urlaub befanden und nicht auf dem Weg ins Büro oder in den Kreißssaal. Aber wer hat schon Zeit im Urlaub?

Mein Vater ist ein höchst geschickter Autofahrer, aber diese Aufgabe war auch für ihn eine anspruchsvolle. Als wir endlich einigermaßen senkrecht zur Fahrbahn standen, um nicht allzu schräg in das Loch einzufahren, stellten wir jedoch fest, dass aufgrund des nach wie vor ungünstigen Winkels dank Boots-

anhänger die Außenspiegel vermutlich im Tunnel verbleiben
würden. Mein Vater kurbelte also seelenruhig das Fenster herunter und klappte seinen Außenspiegel ein. Der Lärm des Ge-
schreis und der Hupen war ohrenbetäubend, doch mein Vater
lachte nur, winkte und kurbelte das Fenster ganz gemächlich
wieder hoch. Dann bedeutete er meiner Mutter, auf ihrer Seite
das Gleiche zu tun. Die hatte schon die ganze Zeit aus den
Augenwinkeln auf die wütende Meute geblinzelt und es bisher
vermieden, direkt hinzusehen. So unangenehm war ihr die Ge-
samtsituation. Man kann diesen starr vorwärts gerichteten
Blick auch immer gut studieren, wenn ein Verkehrsteilnehmer
etwas offensichtlich Verbotenes tut, was den Verkehrsfluss
empfindlich beeinträchtigt, und auch in Deutschland alle rund-
um in wütender Verhupung eruptieren. Während der Südländer saftig zurückschimpft und durch das hektisch herunter-
gekurbelte Fenster Verwünschungen in alle Richtungen aus-
stößt, starrt der Deutsche fest nach vorne und tut so, als hätte
er nichts gehört. Das ist so ähnlich wie wenn meine Tochter
Verstecken spielt und sich dazu mit einem Handtuch über dem
Kopf ins Bad stellt.

Auf jeden Fall spürte meine Mutter höchst wenig Veranlas-
sung, nun auch noch das Fenster herunterzukurbeln. Mein Vater wurde nun doch ein wenig ungehalten und redete auf sie
ein, sie möge doch BITTE den Außenspiegel einklappen, »weil
mia sonst den ganzn Dog do steh bleim, bis da Stau um an
ganzn See rumgeht!«

Aber meine Mutter brachte es einfach nicht fertig, auf diese
letzte Barriere zwischen sich und dem Mob vorübergehend zu
verzichten. Also seufzte Papi so laut, dass man es sogar über die
Hupen vernahm, und öffnete die Fahrertür. Der Lärm, der uns

entgegenschwoll, war epochal. Da mein Vater den kurzen Weg vorne herum nicht nehmen konnte – wir waren schon zu weit in die Öffnung hineingefahren – musste er hintenrum laufen, dann über die Anhängerdeichsel steigen und auf der anderen Seite wieder entlang bis zum Beifahrer-Außenspiegel laufen.

Das musste für die anderen Verkehrsteilnehmer natürlich wie die reinste Provokation wirken, und genau das tat es auch. Schon stiegen die ersten heißblütigen Inländer aus ihren Autos aus, beschränkten sich aber noch auf Schimpfen und wütendes Gestikulieren. Ich sah durch den Spalt des Vorhangs, wie sich einer in einer dramatischen Geste die Ärmel hochrollte. So etwas kannte ich eigentlich nur aus Zeichentrickfilmen, aber nun spürte ich unmittelbar, welch reale Wirkung diese klischeebeladene Geste haben konnte.

Mein Vater griff nach dem Außenspiegel und drückte. Der bewegte sich keinen Millimeter. Er drückte noch einmal, nichts passierte. Das Ding war wohl in seinem Scharnier festgerostet, was angesichts der Tatsache, dass der Spiegel seit Millennien genau in dieser Position goldrichtig stand, durchaus nachvollziehbar war. Als sich die ersten Wutbinkel schnaubend einen Weg durch den Stau und auf meinen Vater zubahnten, riss ich erschrocken die orangefarbenen Vorhänge zu, wohl wissend, dass das auch nicht arg viel bringen würde. Die Italiener sind ja recht kinderlieb, also war anzunehmen, dass sie mir nichts tun würden. Wenn aber alle Stauteilnehmer sich zusammentäten, könnten sie einfach den Bus umwerfen oder durch die nächste Öffnung nach draußen schieben – da wo keine Straße zu einem Campingplatz führte! Mein Herz raste, und da ergriff sie mich: diese wohlvertraute Urlaubspanik.

Egal ob Meer oder See, wie viele Kassetten und Bücher ich

dabeihatte, ob es heiß war oder kühl, ob Felsen oder Sand, Griechenland, Jugoslawien, Korsika oder Italien: Es würde alles so sein wie immer. Mein Vater würde schon dafür sorgen.

In der Retrospektive hat dieses Gefühl etwas Nostalgisches. Es gehört zu meiner Kindheit wie der Schulweg, wie der Spielplatz hinter dem Haus. Ich hatte eine Konstante im Leben, an der ich mich festhalten konnte, und diese Konstante wirkte weit über meine Kindheit hinaus, hat mich bis heute im eisernen Griff. Sie lautet:

Camping = Scheiße.

Eine der tragenden Säulen dieses Konstantenkonstrukts manifestierte sich in dem Moment, als mein Vater versuchte, mit beiden Händen den rechten Außenspiegel umzuklappen, während wir langsam, aber sicher von einem wütenden Mob eingekreist wurden. Die drohend geschwenkten Schraubenschlüssel, Fackeln und Mistgabeln weiß ich natürlich wohl einzuordnen ins Reich der panikinduzierten Phantasievorstellungen.

Interessant auch, dass die Italiener leiser werden, je wütender sie sind. Das lag nur zum Teil daran, dass jemand, der aus seinem Auto aussteigt, nicht mehr so gut hupen kann. Nein, ich glaube, der eigentliche Grund ist darin zu suchen, dass der gemeine Klischee-Italiener im normalen Leerlaufzustand schon so laut und raumgreifend ist, dass er sich bei echter Wut nur noch dadurch vom Normalzustand unterscheiden kann, dass er leiser wird und weniger zappelt. Und das wirkt dann in der Tat besonders bedrohlich. Überlegen Sie mal: Haben sie Don Corleone jemals zappeln gesehen? Schreit er, gestikuliert wild und ruft »Mamma mia«?

Nein. Nix macht der. Und genau das ist es, was ihn so bedrohlich erscheinen lässt. Ein RUHIGER Italiener, der nicht viel redet und nur eine Katze streichelt. Das rührt an den Grundfesten etablierter Klischees und macht uns somit große Angst. So weit die Theorie.

In der Praxis verbog mein Vater mit einem gewaltigen Ruck die Befestigung des Außenspiegels so weit es ging und lief dann wieder um den Bus herum zur Fahrerseite. Ich hörte drinnen seine Schritte im Tunnel widerhallen und war erstaunt, dass er seinen Tritt nicht beschleunigte.

Andererseits tat er natürlich das Richtige: Wäre er gerannt, hätte der Mob sofort reagiert und wäre vielleicht ebenfalls losgelaufen. So verblieb die Situation in einem seltsam lauernden Zustand, der es meinem Vater ermöglichte, kampflos die Fahrertür zu erreichen und einzusteigen.

Es war nun totenstill im Tunnel. Das leise Klimpern des Zündschlüssels erfüllte den zeitlupenhaften Gesamteindruck dieser dramatischen Sekunden. Gleich würde es vorbei sein. Die Erlösung nah, der Volkszorn verebbt …

Als unser altersschwacher Bus auf die Umdrehung des Zündschlüssels mit einem gurgelnden Husten antwortete und dann wieder erstarb, wusste ich, dass das Gegenteil eintreten würde.

Während mein Vater weiterhin versuchte, den Wagen zu starten, und dabei mehrfach scheiterte, griffen die ersten Hände zu. Zwei stotternde Fehlversuche weiter spürten wir bereits, wie der Bus in Bewegung geriet, schaukelte von dem wütenden Ansturm der aufgebrachten Meute. Meine Mutter schrie auf, ich verkroch mich unter dem Klapptisch, und mein Vater bewies einmal mehr, dass er erst unter Druck zur Höchstform auflief: Er löste die Handbremse und griff beherzt das Lenkrad! Der Mob spürte, dass man den verhassten Blockierer bewegen konnte, und unwillkürlich drückten unzählige Hände in die einzig sinnvolle Richtung, und zwar den Bus mitsamt Anhänger durch die enge Öffnung – ganz ohne motorischen Antrieb rollten wir daraufhin leise knirschend durch das elende Loch hinaus auf den sandigen Weg des Campingplatzes. Auch mein Vater war etwas überrascht, wie abschüssig dieser Weg doch war, und ebenso von der scharfen Rechtskurve direkt nach der Ausfahrt, die auf eine rachitische Schranke zulief. Diese war geschlossen, und man muss sich schon fragen, ob der Mann auf dem Klappstuhl unter dem Sonnenschirm taub war oder das Theater da oben an der Einfahrt einfach schon viel zu oft miterlebt hatte, um jetzt noch in plötzlichen Aktionismus zu verfallen.

Es war wohl Letzteres, gepaart mit Routine, denn die Schranke öffnete sich zwar knapp, aber ausreichend pünktlich, just als es auch nottat, wenn wir ohne Kontakt mit dem Schlagbaum passieren wollten.

Erst als wir die Schranke hinter uns gelassen hatten und ein gutes Stück den schmalen Weg hinuntergerollt waren, hielt er an, und wir wagten einen Blick zurück.

Wir sahen noch ein paar besonders aufgebrachte Leute, die uns von oben an der steilen Kurve wütend die Fäuste entgegenschüttelten und nun doch wieder irgendetwas riefen. Doch dann trollten sie sich plötzlich recht fix, als über ihnen die Sinfonie für Hupen und Gebrüll jäh den zweiten Satz anstimmte. Diesmal aber nicht wegen uns, sondern wegen unserer Schubskolonne, die ja nun ihrerseits den Tunnel blockierte und so zum neuen Feindbild der dort Verbliebenen aufrückte. So schnell kann's gehen.

Dieser Campingplatz stellte sich auch ansonsten als recht eigenwillig heraus. Es war nämlich einer der wenigen am Gardasee, der nicht über einen Strand verfügte. Obwohl der See für seine stabilen Winde berühmt und darum für Surfer so attraktiv ist, staute sich die Hitze so brutal an dieser Felswand, als wolle sie den Stein verflüssigen, um dem See mehr Raum zu schaffen.

Außerdem gab es nicht nur Standplätze für die Camper, sondern auch noch kleine, eiförmige Minibungalows, die mit zum Seltsamsten gehören, was ich bis dato gesehen hatte. Diese Dinger verschoben meine Vorstellung von der Grenze der Leidensfähigkeit deutscher Urlauber um ein gutes Stück in Richtung frei fallender Unfassbarkeit. Stellen Sie sich ein Ei oder besser: eine Kokosnuss vor, die in etwa die Größe von vier Chemie-Toilettenhäuschen hat, wie man sie von Baustellen oder Rockkonzerten kennt. Darin waren auf der einen Seite zwei Betten übereinander und auf der anderen eine kleine Küchenzeile mit Waschbecken eingepasst. Außen fand sich noch eine verschließbare große Kiste und ein Vordach, unter dem die Sitzgarnitur ihren Platz hatte. Der Vergleich mit dem Haus von Spongebob ist als zutreffend zu bezeichnen. In dieses Horror-Ei installierten sich zum Teil vierköpfige Familien.

Es war jeden Morgen ein Schauspiel für uns, wenn sich nacheinander die wabbeligen Sperrholztüren der Kokosnüsse öffneten und daraus eine Vielzahl von Menschen hervorquoll, die nun erst einmal versuchten, ihre Glieder aus der Embryonalhaltung wieder in den aufrechten Gang des Homo Sapiens zu strecken. Wenn man so will, wurden wir täglich Zeuge des letzten wichtigen Evolutionsschritts der Menschheitsgeschichte. Wäre irgendwo ein schwarzer Monolith gestanden, hätte bestimmt jemand einen Knochen geworfen. Für alle, die den Film *2001* nicht gesehen haben, soll dies ein Anstoß sein.

Wie so oft erinnere ich mich sonst an nichts mehr aus diesem Urlaub. Es ist tatsächlich wieder einmal erstaunlich, dass mir wirklich nur die negativen Dinge im Gedächtnis blieben. Bin ich also ebenso wie die oben beschriebenen Klischee-Italiener nicht einen Deut weniger typisch klischee-deutsch, weil ich ganz in der Tradition unseres Jammer- und Meckerstaats die positiven Dinge als selbstverständlich hinnehme und sofort vergesse, während ich mich heute nur noch an die Dinge erinnere, die ich scheiße fand? Ich weigere mich, diesen Gedanken weiterzudenken, und beschließe hiermit dieses Kapitel.

Alleine zu zweit

Als ich sechs Jahre alt war, änderten sich die Dinge. Und zwar grundlegend. Denn nun hatte ich einen kleinen Bruder. Sein Name war und ist Nico. Mein Bruder ist mir heute durchaus in ein paar Dingen recht ähnlich. Zunächst mal tendieren wir beide zu langen Haaren und Bart, teilen einen Großteil unseres Musikgeschmacks und auch den Humor, was für unseren Job von großem Vorteil ist. Denn mein Bruder kümmert sich in unserer Produktionsfirma mit dem lustigen Namen bumm film GmbH um das adäquate Sounddesign unserer Produktionen.

Inzwischen ist es so, dass die sogenannten Regieabnahmen mit mir auf der Regieseite und Nico als Tonverantwortlichem in etwa so lange dauern, wie der Film lang ist. Denn mir fällt kaum mehr irgendetwas auf, was ich nicht gerne anders hätte. Meistens ist es sogar besser als das, was ich mir ursprünglich an der Stelle gedacht hatte, und das ist jedes Mal ein großer Spaß. Auch in unserer gemeinsamen Band mit dem Namen »Harpo speaks!!« harmonieren wir musikalisch wie stimmlich miteinander, und wenn man uns so sieht, möchte man gar nicht glauben, dass wir über viele Jahre hinweg so gar nichts miteinander anfangen konnten.

Für mich war mein kleiner Bruder lange Zeit nichts anderes als Das Ding, Das Brüllt. Es hätte mich nicht gewundert, wenn er bei der Frage nach seinem Namen mit »Geh weg« geantwortet hätte. Erst als Nico im Alter von zwölf Jahren auch begann, Musik zu machen, bekam er so etwas wie einen Nutzwert für mich, und wir fanden dadurch einen richtigen Draht zueinander. Vorher war er mir entweder zu lästig oder zu laut oder beides.

Am schlimmsten aber war in der Rückschau: Er war mir entschieden zu begeistert von Fahrrädern, Booten, Zelten und Dingen, die man klappen kann.

Ja, mein Bruder *liebt* Camping.

War ja klar, oder? Wie könnte es auch anders sein? Natürlich liebt er Camping! Und dadurch machte er sich bei mir vorsichtig gesagt nicht gerade beliebter. Schon von klein auf half er meinem Vater begeistert beim Beladen von Bus und Boot, konnte den Tag der Abfahrt kaum erwarten und stürzte sich direkt nach der Ankunft mit Begeisterung in die schwarzen Fluten der Meere, um dort zu schwimmen, zu schnorcheln und mit dem Boot drauf herumzudödeln. Mein Bruder kann die Länder, Ortschaften, Straßen und Campingplätze, an denen er bisher war, alle herunterbeten und mit meinem Vater stundenlang darüber fachsimpeln, wie toll, wie weit, wie heiß, wie urig es da und dort und hier und sonstwo ist, wie lange man dorthin braucht und wer von beiden wie lange mit welchem fahrbaren Untersatz gebraucht hat, um dorthin zu gelangen. Dazu sollte man wissen, dass mein Bruder Nico inzwischen mit Vorliebe auf seiner Harley in den Urlaub fährt und bis auf ein kleines Zelt und ein Messer nicht so arg viel dabeihat. Das verwachsene Struwwelding, das am Ende des Urlaubs zu uns zurückkehrt, hat nur mehr rudimentäre Ähnlichkeit mit der Person, der wir ein paar Wochen zuvor sorgenvoll hinterhergewunken haben.

Das ist das vorläufige Endstadium einer Entwicklung, die sich schon sehr früh abzeichnete. Mein Bruder ist eben in vielerlei Hinsicht meinem Vater sehr ähnlich. Und dass er dadurch meinem Vater natürlich viel näher rückte als ich, versteht sich von selbst. Doch damit nicht genug: Da er auch noch begeistert Rennrad fuhr, war mein kleiner Bruder zu nichts Geringerem prädestiniert, als genau der Sohn zu werden, den mein Vater sich eigentlich schon beim ersten Anlauf gewünscht hatte! Doch da hatte er seltsamerweise diesen stubenhockenden, leseverrückten Legofanatiker bekommen, der sich wochenlang einschließen konnte, um vierundzwanzig Mal pro Filmsekunde kleine Figuren herumzuschieben, damit sie sich auf dem fertigen Film bewegten, als wären sie lebendig.

Tja, so kann's gehen, Werner Krappweis. Aber sechs Jahre später kam schließlich der kleine Nico daher, und wenn er nicht gerade brüllte oder irgendetwas haben wollte, nur weil ich es gerade hatte, dann folgte er begeistert unserem Vater und seinem »Papiiiii« überallhin.

Klingt nach Eifersucht? Ich weiß nicht, ich glaube, das würde sich anders anfühlen. Da ich ja so gar nicht sein wollte, war es letztendlich nicht so schlimm. Ich wusste ja ziemlich genau, was der Preis war, um Nicos Position innezuhaben: Camping gut finden und Rennrad fahren. Beides war mir zutiefst zuwider, also war ich bald ganz froh, dass sich die beiden aneinander abarbeiten konnten und man mich in Ruhe ließ. Eigentlich blieb mir jetzt nur noch Mami, die alle fünf Minuten sagte, ich solle doch mal an die frische Luft. Aber das konnte ich ja gerade noch leisten, indem ich eben an der frischen Luft weiterlas. Man kann aber nicht gut lesen beim Schnorcheln oder Bootfahren – dabei kann man nur gut in Seeigel treten oder kentern –, und darum fielen diese beiden Hauptbeschäftigungen für mich grundsätzlich erst einmal aus.

Außerdem ist interessant, dass mein Bruder ebenso dazu neigte und neigt, in die bizarrsten Unfälle und Missgeschicke verwickelt zu werden. Bei »verwickelt« fällt mir da zum Beispiel der Fuß ein, den er sich bei einem Motorradunfall um das Gaspedal wickelte. Außerdem fuhr er als kleiner Junge mit dem Fahrrad Kopf voraus in einen Zeitungsständer, brach sich mehrfach Arme und Beine und wurde einmal von einem Pferd ins Gesicht getreten. Im Krankenhaus vernietete man ihm die Kiefer mit Schrauben und Gummiband und hängte ihm eine Schere um: Falls er sich von den Medikamenten erbrechen müsse, solle er sich doch die Gummis durchschneiden wegen der Erstickungsgefahr.

Ich selbst habe mir trotz – oder wegen – des Berufs als Stuntman nur wenig nennenswerte Verletzungen zugezogen. In meiner linken Handfläche befindet sich eine verhärtete Ader aufgrund eines unglücklichen Aufschlags. Außerdem brach ich mir in Ausübung meiner Pflicht aufgrund eines dummen Fehlers zwei Rippen. Das war's aber eigentlich auch schon. Die Bilanz meines Bruders fällt da deutlich dramatischer aus. Aber selbst die Verletzungen unserer gesamten Restfamilie zusammengenommen – und vielleicht noch der angrenzenden Nachbarfamilien –, würden niemals an das Bruchniveau meines Vaters heranreichen. Er ist der ungekrönte König der schweren Verletzungen. Bereits mit achtzehn Jahren wurde Werner Krappweis darum bei der Bundeswehr ausgemustert. Lachend erzählt mein

Vater noch heute von dem Blick, den der Musterungsarzt zur Schau trug, als er auf das DIN-A4-Blatt voller Verletzungen starrte. Der behandelnde Arzt hatte sogar noch »rundrum den Rand von dem Zettel vollg'schrieben, wei koa Platz mea war!«.

Hier ein Best of mit dem Hinweis, dass es sich dabei zu neunundneunzig Prozent um Sportverletzungen beim Radfahren, Skifahren oder Skilanglauf handelt:

zwei Zehen gebrochen;

den rechten Knöchel komplex gebrochen;

die linke Kniescheibe so sehr zerschmettert, dass nur noch ein Fünftel davon im Knie verbleiben konnte;

drei Operationen an der Bandscheibe;

sechzehn Rippen gebrochen; Brustbein gebrochen; die rechte Schulter gebrochen; den Oberarm gebrochen;

zweimal den rechten und einmal den linken Daumen gebrochen; den linken Daumen ausgekugelt und dabei eine Sehne abgerissen; ein Wadenmuskel links abgerissen;

Bizeps am rechten Arm abgerissen;

Schulterblatt rechts zertrümmert;

Schädelbruch der rechten Schädeldecke;

Gehirnerschütterung, vier Stunden bewusstlos;

Blinddarmdurchbruch während eines Radrennens, unzählige Platz- und Schürfwunden.

An eine der Platzwunden erinnere ich mich selbst noch gut, denn ich war daran unmittelbar beteiligt. Mein Vater hatte mal wieder irgendein Radrennen gewonnen und war auf dem Weg zur Siegerehrung. Stolz wollte er dort mit seinem kleinen vierjährigen Sohn aufkreuzen, schnappte sich diesen und setzte ihn vor sich auf den Lenker. Er fuhr los, beschleunigte … und überschlug sich vornüber, denn sein Sohn blockierte mit dem linken Fuß das Vorderrad.

Ich landete nach Augenzeugenberichten wohlbehalten auf dem Bauch meines Vaters und blieb unverletzt. Während meine Mutter mich über den Schreck hinwegtröstete, ließ es sich mein Vater nicht nehmen, mit einer gigantisch blutenden Platzwunde am Kopf auf das Siegertreppchen zu steigen, um dort einen weiteren Kelch entgegenzunehmen. Ich schweife ab.

Mein Bruder Nico wandelt in den Fußstapfen meines Vaters, kann aber Gott sei Dank nicht mit dessen Bruchbilanz mithalten. Doch die Unfälle und Missgeschicke sind zum Teil schon recht unterhaltsam – jetzt, wo sie lang vorbei sind. Sie hatten jedoch zur Folge, dass mein Bruder Nico entweder gerade alles das machte, was mein Vater toll fand, oder wegen irgendeiner Verletzung bemuttert werden musste. Oder bevatert.

Er und ich konnten einfach nicht so arg viel miteinander anfangen. Das mag auch am Altersunterschied von sechs Jahren gelegen haben, aber es waren eben auch und vor allem die anderes gelagerten Interessen.

Die einzige Beschäftigung, bei der ich meinem kleinen Bruder im Urlaub irgendwie behilflich sein konnte, war, ihn am Strand einzugraben. Keine Sorge, nicht bis über den Kopf oder bis zum Hals mit Honig als Lockstoff für die Ameisen. Ich hatte ja nicht direkt was gegen ihn. Nein, Nico ließ sich sehr gerne bis zur Hüfte eingraben. Dann gaben wir ihm irgendwas Rundes als Lenkrad und zwei, drei andere Objekte, die er als Hebel verwenden konnte, und fertig war das Auto. So saß er dann stundenlang in der Sonne unter seinem Hütchen und fuhr in Gedanken schon einmal all die Straßen ab, die er später dann auch wirklich bereisen würde. Vielleicht ist das der Grund, warum er sich heute so gut auskennt.

Bis heute erinnert sich mein Bruder nur daran, dass er mir beim Legospielen assistieren durfte, indem er die Teile suchte, die ich benötigte. Ansonsten war er damit beschäftigt, irgendwo runter- oder hineinzufallen oder kurz danach mit hochrotem Schädel die Nachbarschaft zusammenzubrüllen. Zumindest in meiner Wahrnehmung.

Doch bei der Durchsicht der Fotos für dieses Buch fiel mir doch glatt noch eine Begebenheit ein, bei der ich zumindest beteiligt war. Ich hatte den ganzen Vormittag damit zugebracht, aus seinem kleinen Schlauchboot ein Segelschiff zu bauen. Für Mast und Querstange verwendete ich die Ruder, und als Segel diente ein Tuch aus dem Verbandskasten. Mein Vater war begeistert von der technischen Leistung und bat um ein Foto, bevor das hübsche Konstrukt erwartungsgemäß zusammenklappen würde, sobald wir uns entweder hineinsetzten oder der Wind in das Segel blies. Dann machte er sich leise lachend daran, das große Schlauchboot an Land zu ziehen und gewohnheitsgemäß zum Trocknen aufzuständern.

Mein Bruder und ich schoben unser Segelboot ins Wasser, und ich hob ihn vorsichtig hinein, um nicht die Stabilität des Mastes zu gefährden. Der stand nämlich nur auf einem zusammengedrückten Schwamm, weil ich natürlich kein Loch in den Gummiboden stanzen konnte, und war ansonsten einfach nur so fest wie möglich von oben nach unten festgezurrt.

Mein Bruder war begeistert und sah mich mit Kulleraugen voller Dankbarkeit an. Er war nun Kapitän seines eigenen Segelschiffes, und ich wollte ihm diesen Moment irgendwie nicht nehmen. Also nahm ich den selbstgebastelten Papierstern von meiner Schwimmweste, der mich als eine Mischung aus Käpt'n und Sheriff auszeichnete, und heftete ihn feierlich an seine Brust. Dann stieß ich das Boot ganz leicht an, auf dass es sich vielleicht ein, zwei Meter im flachen Wasser um sich selbst drehen würde. Stattdessen stand der Wind wohl recht günstig, und mein Bruder war innerhalb weniger Schrecksekunden so erstaunlich weit weg vom sicheren Ufer, dass ich erst gar keine Worte fand. Erst jetzt wurde mir klar, dass wir erstens gar keine Steuermöglichkeit eingebaut hatten und zweitens die Ruder in der Segelkonstruktion verbaut waren!

Unfassbar schnell hatte das kleine Boot mit meinem kleinen Bruder darin die Markierungsbojen für den sicheren Schwimmbereich passiert. Wir hatten ihm beim normalen Rudern immer eingeschärft, dass er diesen auf keinen Fall verlassen dürfe, und als das nun unfreiwillig geschah, begann er Gott sei Dank ebenso panisch wie lautstark zu weinen. Dadurch löste ich mich endlich aus meinem Schreckstarrkrampf und wendete mich stotternd meinem Vater zu, der mir nicht antwortete. Stattdessen rammte er mit voller Wucht das eben noch aufgestellte Schlauchboot, um es so höchst effektiv mit der richtigen Seite nach unten in den Sand zu werfen. Da riss er auch schon den Bug herum und zerrte es über den Strand ins Wasser. Mir blieb nichts anderes übrig, als recht armselig mit anzufassen, um wenigstens die Mimikry von »helfen« beizusteuern. Aber mit der Wucht und Geschwindigkeit meines Vaters konnte ich natürlich nicht mithalten, und so landete ich mit einem recht armseligen Bauchplatscher im knöcheltiefen Wasser, als mein Vater schon die Ruder in die Pinnen geschmettert hatte und mit ausladenden Zügen dem kleinen Boot hinterherruderte.

Schon war die Stimme meines Bruders nicht mehr so arg gut zu hören, denn er hatte innerhalb dieser knappen Minute wirklich eine erstaunliche Strecke zurückgelegt. Er war zwar nicht direkt hinaus aufs offene Meer gesegelt, sondern eher diagonal – aber die unaufhaltsam nahenden Felsen der Bucht waren eigentlich noch viel schlimmer.

Mein Vater wusste ganz genau, dass er das Schlauchboot erreichen musste, bevor Nico in seinem Planschgefährt gegen die Felsen prallte. Denn falls er kenterte, würde ihn der Sog der immerfort umwälzenden Wellen gnadenlos nach unten ziehen.

Mir blieb nichts anderes übrig, als am Strand entlang hinterherzulaufen und dabei so überzeugend wie möglich besonders nutzlos auszusehen. Selbst wenn ich wie der Teufel gerannt wäre, hätte ich niemals die Stelle auf den Felsen erreicht, auf die mein Bruder zusauste. Meine einzige Hoffnung war, dass mein Vater schnell genug ruderte.

Und was soll ich sagen, *natürlich* ruderte er schnell genug. Mehr als zwanzig Meter bevor es hätte brenzlig werden können, setzte mein Vater das große Maja-Schlauchboot quer zum Weg des Segelschiffchens und blockierte so erst einmal dessen Fahrt. Dann tat er das einzig Richtige, griff nach einem der Seile, mit dem ich den Mast festgezurrt hatte, und ließ das so erschreckend effektive Konstrukt in sich zusammenfallen. Dann zog er kurzerhand das kleine Boot mitsamt meinem Bruder einfach in das größere Boot hinein, hob ihn heraus und setzte ihn neben sich auf die Bank.

Als meine Mutter vom Einkauf im Mini-Market zurückkam, waren alle schon wieder wohlbehalten am Stand angekommen, und mein Vater machte schon wieder Witze, um uns beide aufzuheitern.

Mein Bruder segelte nie wieder mit mir. Obwohl er inzwischen einen Segelschein nebst Schiff besitzt und damit zusammen mit seiner Freundin die kroatische Küste rauf und runter kreuzt, hat er mich bis heute nicht offiziell auf einen Besuch geladen. Ich durfte das Schiff nur betreten, als es für Reparaturarbeiten auf einem Hänger in seinem Garten stand. Gewassert habe ich das Boot noch nie mit eigenen Augen gesehen. Vielleicht ging zusammen mit dem Segelschein auch der Aberglaube der Seeleute auf ihn über, und er hält mich für eine Art Unglücksbringer im nautischen Bereich.

Und wissen Sie was? Ich könnt's ihm nicht mal verdenken.

Ausflüge

Im Campingurlaub konnte mich mein Vater eigentlich nur mit zwei Dingen aus der Dackelgarage locken: mit dem Versprechen, dass es am Ausflugsziel einen Kiosk mit deutschen Comics gab, oder mit einer Burg.

Burgen finde ich immer noch ganz, ganz toll. Die alten Gemäuer üben eine seltsame Faszination auf mich aus, und ich habe bis heute fest vor, irgendwann in einer solchen einzuziehen. Für immer. Langsam wird's zwar eng, aber mein Wille ist ungebrochen.

So konnte mein Vater mit dem Hinweis, dass sich am Ende der heiß-lärmig-stickigen Fahrt eine Burg oder wenigstens Reste davon befanden, eigentlich immer bei mir punkten. Als ich noch kleiner war, wurde einfach alles mit dem Oberbegriff »Burg« betitelt, um mich rauszulocken. Nach Aussage meiner Mutter auch die Akropolis und das antike Olympiastadion. Mein Vater hatte dann immer die Aufgabe, mir zu erzählen, wo die Ritter gespeist, geschlafen und gekämpft hatten. Im Olympiastadion hatten sie eine besonders große Reithalle.

Ich erinnere mich an einen denkwürdigen Ausflug, der mir ein lebenslanges Scherflein einbrachte, gegen das ich in manchen Situationen bis heute ankämpfen muss.

Bis zu meinem sechsten Lebensjahr war ich nämlich absolut schwindelfrei. Meine Mutter erzählt immer, dass sie gar nicht so schnell schauen konnte, wie ich auf alles hinaufkletterte, was erkletterbar schien. Ich glaube, der Grund, warum ich es tatsächlich überall hinaufschaffte, war, dass ich mir keine Gedanken machte, ob es möglich war. Insofern war ich hier ganz der väterlichen Familientradition verhaftet, und ich vermute mal, dass das auch einer meiner wenigen Eigenheiten war, die mein Vater aus vollem Herzen goutierte. Schade, dass er dann ursächlich beteiligt war am jähen Ende meiner Kletterleidenschaft, und das kam so:

Wir waren in Italien. Das weiß ich deswegen, weil das zu bestaunende Bauwerk die Ortsbezeichnung im Namen trägt: der Schiefe Turm von Pisa.

Clever hatte mein Vater die übliche Burg-Karte gezogen, und ich war drauf reingefallen. »Des is wia a Burg, nur ohne Mauern und ohne alles andere außer dem Turm.«

Nun hat dieser Turm ja diese eine ganz spezielle Bewandtnis, die jeder kennt und die seit Erfindung der Fotografie schon unzählige Spaßvögel zu witzigen »Ich bewahre den Turm vor dem Umfallen«-Fotos inspiriert hat. Eine Stichprobe via Online-Bildersuche ergab, dass so mancher kaum den Effekt der perspektivischen Illusion beherrscht, aber sein Werk trotzdem des Hochladens für wert befindet, sobald man ansatzweise erkennt, was gemeint ist. Witzig.

Wir waren dort zu einer Zeit vor der großen Serie von Baumaßnahmen, während derer man den Turm für zwölf Jahre sperrte. Seit 2001 darf man wohl wieder rauf, aber immer nur in kleinen Grüppchen. Mir ist das egal, denn ich werde erst dann wieder einen Fuß auf diesen Turm setzen, wenn er endgültig umgekippt und in seine Einzelteile zertöppert auf der Piazza di Miracoli liegt.

Mein Vater hatte noch schöne Erinnerungen an den Turm, denn der lag auf der damaligen Reiseroute nach Sardinien mit seinen Freunden Hansi, Wago und Tom-Tom. Lachend erzählte er uns auf der Fahrt nach Pisa davon, wie sie nachts um zwei Uhr dort angekommen waren und ihre Rostlaube direkt vor dem Turm parkten. Damals war der Turm jedermann zugänglich, rund um die Uhr und ebenso kostenlos wie barrierefrei. Dieser Umstand – und der Vollmond, wie mein Vater noch bemerkte – mochten ursächlich dafür gewesen sein, dass die vier ihr Uher-Tonbandgerät im Erdgeschoss aufstellten und in voller Lautstärke James Brown durch das Gemäuer jagten. Dann hängten sie sich Decken um und liefen unter lautem »Schuhuu«- und »Wuhhahahaaa«-Geschrei lachend den Turm rauf und runter. Angeblich waren keine bewusstseinserweiternden Substanzen im Spiel. Mein Vater besteht bis heute darauf, dass er alle noch so irrsinnigen Aktionen grundsätzlich mit körpereigenen Substanzen bestritt, und ich glaube ihm das. Mein Vater hat keine Drogen nötig, und sollte er doch einmal auf den Geschmack kommen, dann gnade uns Gott.

Diese romantisch-wahnwitzige Erinnerung im Herzen tragend, bugsierte uns mein Vater also auf den Eingang des Turmes zu, und schon der Anblick machte mich irgendwie schwurbelig. Das Ding war ja echt verdammt schief – zu dieser Zeit sogar noch etwas schiefer als heute, da man ihn zwischenzeitlich ja auch ein wenig aufrichten konnte. Ich erinnere mich nicht mehr daran, ob wir Eintritt bezahlten, wie der Aufstieg vonstattenging oder wie die Treppen beschaffen waren. Ich erinnere mich nur an Folgendes:

Irgendwo auf dem Weg nach oben in einer der oberen Etagen deutete mein Vater auf eine Öffnung nach draußen. »Schaug amal, da kamma naus!« Ich fühlte mich bereits irgendwie seltsam, denn wir waren auf unserem Weg nach oben gerade an einer Stelle angekommen, die dem Abgrund zugewandt war. Ich weiß noch gut, wie fremd und kontrollverlustig es sich anfühlte, sich auf der Treppe an der Mauer abzustützen und dabei zu spüren, wie verdammt schief dieser elende Turm stand! Man *sieht* ja von innen nicht, dass er schief ist, aber man *fühlt* es verdammt deutlich. Somit passt das, was man sieht, nicht zu dem, was man fühlt, und das war für mich zumindest damals eine Erfahrung, die mich völlig aus der Bahn warf. Trotzdem folgte ich unsicheren Schrittes meinem Vater, stolperte etwas ungeschickt aus der Öffnung hinaus und …

… blickte in einen Abgrund nur wenige Zentimeter vor meinen Fußspitzen. Zudem war der Boden, auf dem ich stand, auch noch *abschüssig,* und es war *kein* Geländer angebracht! Das Einzige, woran ich mich festklammern konnte, war eine dicke Säule, die ich natürlich nicht ansatzweise umfassen konnte. Der etwa vierzig Meter weit entfernte Boden schien plötzlich näher zu kommen, und ein jäh einsetzendes Schwindelgefühl brach förmlich auf mich herein, als würde es jetzt nachträglich all den Respekt einfordern, den ich bisher bei meinen Kletteraktionen hatte vermissen lassen. Meine Welt begann sich zu drehen, und ich weiß nur noch, dass ich mich mit geschlossenen Augen an der Säule festklammerte und mein rechter Fuß plötzlich keinen Boden mehr unter sich spürte. Das Nächste, woran ich mich erinnere, ist, dass mich mein Vater gegen die schiefe Mauer in dem Treppengang lehnt und mit mir spricht. Die Worte »nicht«, »Mami« und »erzählen« klingen mir seltsamerweise noch im Ohr. Aber vielleicht bilde ich mir das nur ein.

Nun mag man annehmen, dass mein Vater mich nach diesem Erlebnis erst einmal wieder vorsichtig nach unten geleitete, um mich dort am nächsten Kiosk mit einem kühlenden Eis und vielleicht gar einem *Lustigen Taschenbuch* zu besänftigen. Nun, das war weit gefehlt, denn mein Papi hatte eine andere Strategie im Kopf, um mir zu helfen, mein Vertigo zu überwinden. Zusammen erklommen wir in Rekordzeit auch die letzten Stufen bis ganz nach oben, wo er mich dann an einer der festgezurrten Glocken plazierte.

Dort sollte ich mich lässig an die Glocke lehnen, während er ein Foto von mir machen wollte, wo auch die Aussicht über Pisa gut zu erkennen wäre. Nur leider traute sich sein schwindelgeplagter Sohn nicht aus der Ecke neben der Glocke. Nur durch Zureden mit Engelszungen gelang es meinem Vater schließlich, mich dazu zu bewegen, wenigstens eine Hand auszustrecken, um die Glocke zu berühren. Vorsichtig gesagt: Das Foto geriet nicht zu dem gloriosen Motiv, das mein Vater im Kopf gehabt hatte.

Dafür hatte ich noch jahrelang ein massives Problem mit Höhen. Jedes Mal, wenn ich irgendwo runterblickte, egal ob mit Gitter, Geländer oder ohne, ergriff mich das gleiche Schwindelgefühl, ich sah mich wieder an der Säule am Schiefen Turm kleben und den Halt verlieren.

Dies ließ interessanterweise erst nach, als ich im Alter von etwa vierzehn eine Mutprobe zu bestehen hatte. Bei uns im Hochhausviertel München-Neuperlach gab es nämlich eine Tiefgarage, bei der Ein- und Ausfahrt nebeneinanderlagen, aber durch eine Betonmauer voneinander getrennt waren. Die Einfahrt verlief tiefgaragentypisch mehrere Meter nach unten, bevor sie in den großen Toren verschwand. Die Mutprobe bestand nun darin, möglichst schnell die gesamte Mauer entlangzubalancieren und dabei den Rekord von fünfundvierzig Sekunden zu halten oder zu unterbieten. Als Preis gab's nix. Nun waren auf dieser Mauer aber vier halbmeterdicke quadratische Betonsäulen aufgesetzt, die wiederum die gesamte Breite der Mauer einnahmen, so dass man äußerst unkommod um sie herumklettern musste. Kaum umklammerte ich die erste Säule in der lächerlichen Höhe von vielleicht einsfuffzich, verschwomm die Garageneinfahrt auch schon wieder zur weit, weit unter mir liegenden Piazza di Miracoli. Irgendwer rief mir irgendwas zu, und es sollte wohl witzig sein. Doch das war meine Rettung, denn ich klammerte mich an die Erkenntnis, dass dieser Depp bei meinem Erlebnis auf dem Schiefen Turm von Pisa nicht dabei gewesen war. Folglich war auch ich nicht dort, und folglich würde ich auch nicht auf die Piazza stürzen. Das mag jetzt selten dämlich klingen, aber für mich machte es irgendwie Sinn. Genau genommen macht es für mich auch heute noch Sinn, denn es vergeht seitdem kein Halbjahr, in dem ich nicht irgendwo nach unten starre und wenigstens für den Bruchteil einer Sekunde denke: »Das da unten ist nicht die Miracoli Plaza.« Und dann geht es mir besser.

Lustig fast.

Camping ohne Eltern

Warum hatte ich mich darauf bitte eingelassen? Ich und Torsten in einem Zelt? Am Riegsee? Campen?

Ich war vielleicht fünfzehn oder sechzehn Jahre alt, und meine Eltern waren schon seit vier Jahren getrennt. Ich war bei meinem Vater geblieben, und Mami hatte den kleinen Nico mitgenommen. Wobei »mitgenommen« jetzt drastisch klingt. Eigentlich war es eine salomonische Lösung, auch wenn man das jetzt so direkt nicht glauben mag. Trennungen sind nie toll, aber es war auf jeden Fall die richtige Entscheidung. Zunächst wohnten die beiden Parteien auch nicht allzu weit auseinander. Mit der U-Bahn war es eine Station, und ich konnte nach der Schule zum Mittagessen bequem bei meiner Mutter und meinem Bruder vorbeischauen.

Meistens hatte ich allerdings anderes zu tun, denn inzwischen spielte ich in einer Band. Und so verbrachte ich eigentlich meine gesamte freie Zeit in dem Kellerraum unterhalb der Schulmensa. Dort stand das schuleigene Equipment unserer Band, gesichert durch zwei feuerfeste Türen, zu denen nur die Mitglieder der Band einen Schlüssel hatten. Für ein paar Tage stand dort auch das Mikro, das ich mir mit dem Austragen von Katalogen erspart hatte. Das spurlose Verschwinden von selbigem ließ darauf hindeuten, dass es wohl doch mehr Schlüssel gab.

Irgendwie gab es dort unten auch alleine immer irgendwas zu tun. Gitarre üben, Schlagzeug üben, mit dem Keyboard und der Begleitautomatik herumdudeln, mit dem 4-Spur-Rekorder aufnehmen … und die Hälfte der Zeit war ich nicht einmal alleine, denn mein Freund Torsten war bei mir. Wir hatten uns kennengelernt, als ich meinen Schlagzeuglehrer Herrn Fries in der großen Pause nach einem Drummer für die Schulband fragte, da ich keine Lust mehr hatte, hinter dem Schlagzeug zu singen. Erstens wollte ich nämlich ab sofort Gitarrist sein, und zweitens war ich sehr genervt von dem Umstand, dass ich keinen richtigen Mikrofonständer mit Galgenausleger hatte. Ich musste immer mit einem zusammengeklappten Notenständer zwischen den Beinen trommeln, in dem das Mikro mit Tesafilm festgeklebt war. Um dieses blöde Ding musste ich immer herumspielen, und ich war es einfach leid.

Herr Fries deutete in Richtung des Kaffeeautomaten, und dort stand er. Torsten. In der Tat war er im Wahlunterricht Schlagzeug. Und natürlich wollte er sehr gerne dabei sein. Tatsächlich war er auch ganz schön überrascht und geschmeichelt von der Empfehlung durch den Schlagzeuglehrer. Schließlich hatte er bisher gerade mal eine einzige Stunde absolviert. Und schon hatte man sein Talent erkannt? Wenn das mal nicht ein Ansporn war, sich richtig reinzuhängen!

Als Herr Fries ein paar Tage später zu unserer ersten Bandprobe erschien, war er allerdings etwas erstaunt. Er zeigte auf Torsten und fragte mich: »Wollte der Ali nicht?« Es stellte sich heraus, dass er den Typen neben Torsten gemeint hatte. Einen türkischen Jungen namens Ali mit wahrlich irrsinnigem Talent fürs Trommeln. Wir hatten stattdessen Torsten in die Band geholt. Aber das passte ganz gut, denn unser Bassist war vor wenigen Tagen erst von Akkordeon auf Bass umgestiegen und ich selbst von Drums auf Gitarre. Da war Torsten vermutlich noch der Beste von uns, denn er hatte die letzten Tage über wie verrückt geübt und konnte nun einen Beat mehr spielen als ich Akkorde greifen: vier.

Meiner Mutter war natürlich nicht entgangen, dass wir immer alleine oder zu zweit in dem Keller herumhingen, langsam bleich und bleicher wurden und uns immer mehr in lichtscheue Grottenolme verwandelten.

Darum fasste sie schließlich einen Entschluss, und Folgendes zeigt auch ganz gut, wie sehr sich meine Mutter nach der Scheidung verändert hatte. Sie hat heute für alles und für jeden immer den passenden Vorschlag, wie er sein Leben entscheidend verbessern könnte. Und dieser Vorschlag wird einem dann so lange paraphrasiert und wiederholt eingehämmert, bis man irgendwann denkt, man wäre selbst draufgekommen. Meine Mutter ist also eine Art personifizierter Vorschlaghammer, und das erklärt auch die Kopfschmerzen.

In unserem Fall blieb es allerdings nicht beim Vorschlaghämmern, denn meine Mutter ahnte schon, dass wir durch bloßes Gut-Zureden nicht in Bewegung geraten würden. Mir zu sagen, dass ich frische Luft brauchte, ergab in etwa so viel Resonanz, als würde man in Götterspeise schreien.

Bevor wir's uns also versahen, waren wir eingepackt und verschifft worden an den Riegsee bei Murnau. Dort spuckte Mamis Auto ein Zelt aus, wir wurden darin installiert und dort zurückgelassen mit Kartuschen, Konserven und prall gefülltem Kulturbeutelchen. Außerdem lagen zwei Fahrräder vor uns, damit wir mal »ein bisschen die Gegend erkunden« könnten.

Erstaunt blickten wir dem davonrauschenden Wagen hinterher und sahen uns verwundert an. Hier sollten wir jetzt zwei Wochen lang dumm herumsitzen?

Aber nein, weit gefehlt – hier ging es nicht nur um Sommerfrische. In weiser Voraussicht hatten uns die Eltern nämlich auch unsere Physik-Unterlagen mit eingepackt. Schließlich stand bald die Abschlussprüfung bevor!

Okay, bei mir persönlich war eh längst Hopfen und Malz verloren, und meine Mutter wollte das vielleicht nur nicht wahrhaben.

Ich war aber nun mal einer der schlechtesten Schüler an der Werner-v.-Siemens-Realschule und auch nur deswegen nicht auf der Hauptschule, weil die Lehrer verzweifelt versuchten, mich mit mündlichen Noten irgendwie durchzulavieren. Ich war nämlich ansonsten sehr aktiv: Schülersprecher, Schulband, Schulchor, Theater/Film-AG, Schülerzeitung … ich machte alles und das mit zerfetzender Hingabe. Nur im Unterricht war ich entweder physisch oder mindestens psychisch nicht anwesend. Aber da man wohl absehen konnte, dass aus mir irgendwie irgendwas werden würde, hatte man sich entschlossen, mir das irgendwie zu ermöglichen. Ich weiß das auch nur deswegen, weil ich ein paar der Lehrer/-innen zu meinem dreißigsten Geburtstag wiedertraf. Dort eröffnete man mir, dass ich kaum eine Note wirklich durch Arbeit am jeweiligen Stoff verdient hatte.

Da man leider in Physik keine Noten für das Organisieren des Schulchors bekam, war ich hier auf anderweitige Unterstützung angewiesen. Ich bastelte mir fünf Spickzettelchen an Gummis, die blitzschnell in den doppelten Ärmeln von zwei Sweatshirts verschwanden, sobald man sie losließ. Ich brauchte viele Stunden, bis die Dinger so installiert waren, dass sie nicht mehr lautstark schnalzten oder meinen Ellbogen in scheinbar spastische Zuckungen versetzten. Aber im Endeffekt war die Arbeit sehr gelungen, und ich verbrachte die gesamte Prüfung damit, meine genialen Spickzettel rauszuziehen und wieder zurückschnalzen zu lassen. Was hätte ich auch sonst tun sollen, denn das, was ich da an Wort- und Zahlengetümen aus dem Heft vom Klassenbesten Helmut abgeschrieben hatte, machte für mich ja überhaupt keinen Sinn. Zurück zum Thema.

Natürlich waren wir ohne Campingbus unterwegs. (Unterwegs trifft es im Übrigen ja gar nicht, wir blieben größtenteils stationär.) Wir hatten eine Art Familienzelt mit einer Schlafkabine. Schnell war klar, dass wir SICHER NICHT zusammen in dieser Kuschelkoje schlafen würden. Torsten war recht bemüht, nun den Naturburschen hervorzukehren, und bot mir großzügig die Kabine an. Er selbst sei wahrlich nicht so verweichlicht, dass er so etwas nötig habe, und würde es sogar vorziehen, die Nächte im Freien zu verbringen. Mir war das nur recht bis herzlich egal, wie Torsten seine Nacht verbrachte. Hauptsache, ich konnte mich abends per Reißverschluss von den Mücken trennen.

Überhaupt schien Torsten von der gesamten Unternehmung mehr und mehr begeistert zu sein. Die erste halbe Stunde freute er sich zum Beispiel an der Aussicht, die man von unserem Standplatz aus hatte.

Mami hatte uns auf einer der Terrassen über der Bootsanlegestelle installiert. Außer uns war hier wenig los, was wohl daran lag, dass auf diesen Plätzen das Gras nicht – oder noch nicht – gemäht worden war. Keiner der anderen Neuankömmlinge wollte sich auf so einen ungepflegten Platz stellen. Da könnte man ja gleich irgendwo in der wilden Natur campen, und dafür war man ja nun wahrlich nicht extra hierhergekommen.

Wir waren also recht einsam da auf unserem Stüfchen über dem See, und das war uns beiden eigentlich ganz recht. Mir, weil ich nicht wollte, dass uns jemand sah, und Torsten, weil er sich gerade einen Sinn für Romantik erredete, der mir irgendwie Angst machte. Wehe, der Kerl wollte hier so etwas wie »Spaß« haben, dann würde ich ihn anzünden und nicht auspissen! Ich war gegen meinen Willen hier, und ich würde die Zeit genauso verweigernd absitzen wie all die Jahre zuvor. Wenn mein bester Freund Torsten nun die Rolle des Begeisterungsnörglers einnehmen wollte, dann bitte. Aber an mir würde er sich die Zähne ausbeißen. Ich hatte ÜBUNG.

Perverserweise war ich nun von uns beiden auch noch der Campingexperte, und das muss man sich mal vorstellen! Auch wenn mir diese Art des Urlaubs höchst zuwider war, so verfügte ich doch über einen Erfahrungsschatz, der nicht von der Hand zu weisen war. Ich war bewandert in der Verwendung von Kartuschenkochern, Instandhaltung und Wartung aller anderen mitgeführten Utensilien, konnte auswendig hervorbeten, wofür die vier Millionen Teppichschichten waren, und sogar die scheinbar auf ewig verhakten Reißverschlüsse am Zelteingang mit einem geübten Handgriff wieder lauffähig machen. Ich konnte es, ohne nachzudenken, und ich hasste es, dass ich es konnte, und dachte darum nicht darüber nach.

Das Einzige, was wir leider nicht dabeihatten, war eine gute Luftpumpe für unser Schlauchboot. Vielleicht hatte meine Mutter noch zu viele böse Erinnerungen an die Dinger und hatte uns deswegen instinktiv anstatt der Kolbenpumpe nur eines dieser armseligen Fußfurzkissen mitgegeben.

Torsten war wild entschlossen, direkt jetzt und sofort mit dem Schlauchboot in See zu stechen, und machte sich darum voller Elan daran, den Schlauch an die Kammern des Bootes anzuschließen. Ich wollte ihm zur Hand gehen, aber Torsten wies mich zurecht, er wäre schließlich kein Idiot, und darum solle ich ihn auch nicht wie einen solchen behandeln. Er steckte den kleinen Trichter in die dafür vorgesehene Öffnung und begann nun wie verrückt auf die kleine Husthupe einzuhüpfen. Ich griff mir einen Klappstuhl, klappte ihn mit einer routinierten Ruckbewegung einhändig auf, hasste mich dafür, setzte mich drauf und hasste mich auch dafür. Dann sah ich Torsten zu.

Nach einer Viertelstunde Spastgymnastik in der prallen Murnauer Sonne fiel er erschöpft auf die Knie. Das Boot war noch genauso schlaff wie vorher und hatte somit etwas mit Torsten gemeinsam.

Ich erbarmte mich mit hochmütigem Blick und öffnete die Sicherheitsventile des Schlauchboots, damit von nun an Luft in das Innere der Kammer strömen könne. Torsten sah mich ein bisschen zu lange an, und ich hielt stand. Es ist seinem unbändigen Willen und Durchhaltevermögen zuzuschreiben, dass er eine knappe Stunde später tatsächlich das gesamte Schlauchboot aufgepumpt hatte. Dafür war er nun so geschafft, dass er sich erst einmal ins Zelt legen musste. Mir war das recht, denn am Ende hätte er mich noch zum gemeinsamen Paddeln genötigt, und da wäre mir vermutlich nichts anderes übrig geblieben, als uns beide draußen auf dem See zu ersäufen.

»Tommy, weißt du was ...«, tönte es ein wenig matt, aber

ungebrochen aus dem Zelt, und ich nahm bereits einen Stein mit schroffer Kante zur Hand, um ihn heimlich in meiner Hose verschwinden zu lassen. Damit würde ich die Kammern attackieren, sobald wir weit genug draußen waren. »... vielleicht mach ich jetzt erst mal ein bisschen Physik hier drin, mir geht's nicht so gut«, sprach Torsten weiter, und ich ließ den Stein wieder ins Gras fallen. Sehr gut.

Den ersten Abend verbrachten wir um den gottverdammten Kartuschenkocher gebeugt, auf die Plastiksoße der obligatorischen Ravioli starrend. Als sie endlich blubberte, war das das Zeichen, dass der Bampf heiß genug und der Topf angebrannt war. Guten Appetit. Danach knödelten wir noch ein bisschen auf der mitgebrachten Gitarre und den Bongos herum, bis irgendwer von schräg oben erstaunlich wütend brüllte, wir mögen sofort aufhören »mit dera Negermusik, weil i eich sonst die Buckel mi'm Wogscheidl obziag!«.

Das »Wogscheidl« ist das Stück Holz, das man unter die Räder legt, damit der Wagen nicht wegfährt. In der Originalbedeutung also vielleicht kein allzu großer Holzprügel, aber er hatte vermutlich ein weniger handliches Stück Holz im Sinn und der Stimme nach zu urteilen auch griffbereit.

Wir entgegneten ebenso lautstark, dass wir »Negermusik« jedem Nazimarsch vorzögen. »Und dann können sie auch gleich das »m« weglassen!«, hechteten dann aber berauscht von der eigenen Zivilcourage mit unserer Lampe ins Zelt, um ihm keine Richtung zu geben, in die er mit seinem Knüppel laufen könnte.

Bewegungslos lauschten wir in die Nacht, aber keiner kam durchs Gras geraschelt, um unser Zelt mitsamt den Insassen zu

Klump zu dreschen. In unseren jugendlichen Köpfen nahm das Ganze trotzdem eine erstaunliche Dynamik an, und schon sahen wir uns auf der Flucht mit dem Schlauchboot. Im Gegensatz zu meinem Vater hatten wir Ruder und kein Kochgeschirr.

Als ich dann irgendwann in mein Zelt im Zelt stieg und Torsten erschreckend leichten Herzens draußen im Restzelt zurückließ, fiel mir der Vergleich mit meinem Vater noch einmal ein. Und etwas auf. Wie mein Vater befand ich mich nun im jugendlichen Alter mit meinem besten Freund in meinem ersten Campingurlaub ohne Eltern. Ist es tatsächlich so, dass man gewissen Dingen nicht entkommen kann, egal, wie sehr man sich wehrt? Würde ich in wenigen Wochen vielleicht auch auf das verhasste Rennrad steigen und dumm im Kreis fahren, bis ans Ende meiner Tage?

Okay, beruhigte ich mich, ich war ja nicht freiwillig hier. Mami hatte mich eingepackt und hier abgesetzt. Die einzige Möglichkeit, mich zu widersetzen, wäre aktive Gewalt gewesen, und das war in unserer Familie nicht üblich. Gut, vielleicht wäre das diese eine berühmte Ausnahme von der Regel gewesen … Hm. Auf jeden Fall musste ich echt aufpassen, dass mir hier nicht noch so etwas wie »Spaß« unterkam, denn wie hätte ich das vor mir selbst rechtfertigen können? Ich definierte mich durch meine Ablehnung von Camping, Radfahren und meine Unfähigkeit für alles Mathematische. Mögung von Camping hätte nichts weniger als erheblichen Persönlichkeitsverlust zur Folge und musste unter allen Umständen vermieden werden.

Darüber sinnierend fiel ich in einen unruhigen Schlaf.

Ich wurde geweckt von einem bekannten Geräusch. Ich hatte es heute schon einmal gehört, und zwar eine knappe Stunde lang. Es war das *Fidschfidschfidsch* des kleinen Blasebalgs. Ich öffnete den Reißverschluss einen Spalt, um hindurchzulinsen, und sah im Schein des Mondes meinen Freund Torsten seine Luftmatratze wieder aufpumpen. Ein weiterer Anfall von jäh einsetzendem Parallelitätsschmerz ließ mich den Reißverschluss sofort wieder schließen. Sicher war es auch meinem halbtraumhaften Zustand zuzuschreiben, dass ich nun schon wieder eine Verbindung zu meinem Vater zog. Musste nicht auch er nachts immer seine Luftmatratze aufpumpen?!

Gleichzeitig beruhigte ich mich aber auch wieder. Schließlich war es Torsten, der gerade den Pfaden meines Vaters folgte, und nicht ich. Es war auch Torsten gewesen, der sich als unglaublich Schlauchboot-affin herausgestellt hatte, und nicht ich. Also kein Problem. Ich würde weiterhin ich bleiben, auch wenn Totti draußen vor sich hin fidschfidschfidschte, bis der Morgen anbrach.

Der Morgen brach an. Ich wurde aber nicht von einem *Fidschfidschfidsch* geweckt, was mir entschieden besser gefallen hätte als das, was uns tatsächlich beide aus dem Schlaf riss. Im ersten Moment dachten wir beide, ein großes Alien-Mutterschiff würde den Boden um uns herum ausheben, um dann genau den Teil von Mutter Erde zu schnappen, auf dem unser Zelt stand, und dann damit in die endlosen Weiten des Weltalls zu verschwinden. Wir taten das beide sofort als Unsinn ab und einigten uns darauf, dass draußen Bauarbeiten vonstattengehen mussten und das auch der Grund war, warum niemand an diesem Teil des Campingplatzes sein Lager aufgeschlagen hatte. Die Tatsache, dass diese Einigung schreiend vonstattenging, sagt einiges über den Geräuschpegel aus, der uns da morgens um sechs Uhr die Ohren ausblies.

Bedröppelt tappten wir beide vor die Haustür und sahen uns um. Keine Bagger, kein Lastwagen, keine Bauarbeiter … stattdessen ein erstaunlich kleiner motorisierter Rasenmäher von der Form eines etwas zu hoch geratenen Gokarts. Darauf saß auf einem viel zu weich federnden Sitz der Besitzer des Campingplatzes, Herr Gruber, den ich schon vom Urlaub mit Familie aus dem letzten Jahr kannte, von allen nur »da Gruaba« genannt.

Da Gruaba kam mit seinem kleinen Hoppelmobil gerade abermals um unser Zelt herumgefahren, um dann in ausladenden Schleifen auch den Rest des Plateaus zu rasieren. Nach ein paar Kurven kreuz und quer durch das halbhohe Gras schwenkte er wieder auf unser Zelt ein und umrundete es abermals, als würde er neu Schwung holen. Es erinnerte mich an den Star-Trek-Film *The Voyage Home,* wo die Crew der Enterprise die Sonne im sogenannten Slingshot-Manöver umrundet, um durch die Gravitation Tempo zu gewinnen für eine Zeitreise.

Wie gerne hätte auch ich jetzt eine Zeitreise unternommen, und zwar etwa eine Stunde in die Zukunft, wo dem Gruaba sein Depperlbock wieder still im Blechschuppen neben dem Restaurant stand. Stattdessen mussten wir ohnmächtig zusehen, wie da Gruaba eine Runde nach der anderen drehte und uns dabei ab und zu ein seltsames Goldzahnlächeln schenkte.

Dabei fiel mir auf, dass der Torsten in der Nacht ein wenig sehr gelitten hatte. Sein Gesicht, seine Hände, Arme, Beine und alles andere, was nicht von Kleidung oder Schlafsack bedeckt gewesen war, sah aus wie eine Kraterlandschaft. Anscheinend waren die Mücken in diesem Teil des Campingplatzes ein wenig sehr hungrig gewesen. Ich war dank meines Innenzelts völlig unversehrt geblieben und hütete mich darum, auch nur ein Wort zu sagen. Noch hatte er in keinen Spiegel geblickt und kratzte sich nur recht unbewusst, ohne direkt hinzusehen. Hoffentlich blieb das so ...

Als da Gruaba in etwa ein Drittel des Bewuchses umgenietet hatte, schien er für heute zufrieden zu sein und tuckerte auf uns zu. Überraschend hielt er direkt neben uns an und rief über den zweitaktigen Höllenlärm: »Mia woin doch ned, dassz ia do herom de ganzn Wocha alloa bleibds!«

Bevor wir antworten konnten, dass wir ehrlich gesagt genau aus jenem Grunde diesen Platz ausgewählt hatten, war er auch schon die schmale Schotterstraße hinuntergeknattert, um auf dem Weg zurück zum Schuppen möglichst viele Urlauber aus dem Schlaf zu schmettern.

Während Torsten sich nur achselzuckend zurück ins Zelt trollte, um dort noch ein paar Minuten weiterzuschlafen, blieb ich wie vom Donner gerührt stehen. Es war schon wieder passiert! Warum noch mal hatten wir diese Stelle ausgesucht? Damit wir alleine waren! Genau wie mein Vater, der sich immer die unwirtlichsten Orte des gesamten Gastlandes aussuchte, um ... Unsinn. Das war nun wirklich übertrieben. Sofort hatte ich mehr als genug Gegenargumente parat, warum das ja so gar nicht vergleichbar war. Der Campingplatz am Riegsee ist nun echt nicht die jugoslawische Steilküste, und wir waren umringt von jägerzaunumfriedeten Dauercampern und nicht von wilden korsischen Kühen. Also bitte.

Über meine eigene Pubertäts-Paranoia den Kopf schüttelnd, tappte ich ebenfalls zurück ins Zelt und reißverschlusste mich wieder in meine Koje ein.

Minuten später wurde ich geweckt. Torsten hatte eine Idee.

Meine Freude kannte keine Grenzen, ich öffnete abermals den Reißverschluss und warf einen Schuh nach ihm. Ich verfehlte, und er sprach weiter. Sein Plan war, unseren Freund – und Bassisten in der Schulband – Ralf anzurufen. Er wollte am Wochenende mit seiner neuen Freundin den Dauercampingstellplatz seiner Eltern okkupieren. Dieser befand sich auf einer Insel im Staffelsee. Jener war nur eine knappe halbe Stunde mit dem Fahrrad entfernt, und Torsten schlug vor, dass wir doch gemeinsam ...

Der zweite Schuh traf. Und zwar die Gaskartuschenlampe. Ich war noch nie ein guter Werfer. Ich war weder gut im Werfen, Fangen oder Kicken von Bällen. Selbst in Völkerball war ich nur deswegen so gut, weil ich mich besser als alle anderen vor dem Ball wegducken konnte. Das mochte für dieses Spiel gut sein – als Torwart beim Fußball war das durchaus ... na ja, spielentscheidend. Hm.

Die Lampe war kaputt, und mein einziger Trost bestand darin, dass nun ein Klappdings weniger an die Campingurlaube mit Familie erinnern würde. Dafür würden wir ab sofort nachts im Dunkeln sitzen, es sei denn, wir kauften von unserem eher überschaubaren Budget eine neue Lampe im Wucherladen vom Gruaba. Mist.

Torsten deutete meine Antwort durchaus richtig und entgegnete daraufhin nur, dass er dann eben alleine fahren würde. Ich grunzte und drehte mich weg. Sollte er doch. Ich würde ganz, ganz sicher nicht auf einem Fahrrad weiter als bis runter zum Kiosk und wieder zurück fahren. Moment, nicht einmal das. Bergauf würde ich es schieben, jawohl! Denn ich weigerte mich, die Gangschaltung zu verwenden. Zu Hause hatte ich ein Fahrrad mit einer Direktübersetzung ohne Leerlauf, eine sogenannte starre Nabe ... und die Tatsache, dass ich diesen Fachausdruck kenne, nervt mich schon wieder, pfui Teufel.

Ich wusste auf jeden Fall ganz genau, was mir blühte, wenn meine Mutter erfahren würde, dass ich weiter als eine Schulweglänge mit dem Fahrrad zurückgelegt hatte. Freiwillig! Bald würde es mein Bruder wissen, somit auch mein Vater, und was würde passieren? Anstatt einer E-Gitarre würde ich ein weiteres verdammtes Rennrad zu Weihnachten bekommen! Plus Trikot, Rennflasche und diese idiotischen Schuhe, in denen man so geil die Treppen runterfallen kann. Aber nicht mit mir!

Wenn Torsten sich unbedingt durch die Hitze strampeln wollte, bitte sehr. Ich würde hierbleiben und ... und Physik lernen. Jawohl.

Das Geräusch, das in dem Moment aus dem Zelt drang und wimmernd lauter wurde, sagte mir, dass mein Freund nun entdeckt hatte, dass er aussah wie eine Masernzucht. Ich beschloss, ihm ein juckreizstillendes Mittel zu geben, das meine Mutter mir ja garantiert eingepackt hatte. Natürlich hatte sie. Einmal mit und einmal ohne Cortison.

Augen zu und durch

Wir waren überrascht. Da standen wir also am Morgen vor unserem Zelt, und wer blickte uns aus ebenso verwunderten großen Augen über ihre kaum zu ignorierenden Brüste hinweg an? Claudia.

Claudia aus Torstens Klasse. Ich kannte sie ebenfalls, und das nicht nur wegen der hervorstehenden Merkmale. Sie war auch abgesehen davon eine ausnehmend hübsche Erscheinung, zudem mit einem Mundwerk gesegnet, das es an Tempo mit jedem Kampfjet aufnehmen konnte. Claudia beim Reden zuzuhören und alles verstehen zu wollen glich einer Konzentrationsübung im Kloster der Shaolin-Mönche. Man musste selbst völlige Ruhe bewahren, gleichmäßig atmen und den Redefluss einfach in sich aufnehmen. Dort konnte man den pausenlosen Strang dann in einzelne Sinnabschnitte unterteilen und die Bedeutung herauslesen. Simultan zum Zuhören war das völlig unmöglich. Wenn ich heute an Claudia denke und sie reden höre, klingt es wie der Hummelflug von Rimski-Korsakow. Auf Speed.

Abgesehen davon, dass weder Torsten noch ich ihrem Mundwerk gewachsen waren, spielte sie auch als Objekt der Begierde leider in einer ganz anderen Liga als wir. Darüber selbstredend. Auch wenn wir eigentlich ja in einer Band spielten und vorhatten, uns dadurch demnächst ganz bald bestimmt vor Anträgen kaum mehr retten zu können, standen wir doch in dieser mutmaßlichen Entwicklung noch sehr am Anfang. Abgesehen davon waren wir wohl eher so gar nicht das, was die Mädels damals sexy fanden. Wenn man mal so in Gedanken durchging, mit was für Typen die Mädchen rumhingen, mit denen wir eigentlich gerne rumgehangen wären, dann waren das meistens eher diese Fußball-Typen, die trotz aktivem Sportvereinsleben ebenso aktiv Kette rauchten und zwischen den Zügen neben sich auf den Boden spuckten. Außerdem verfügten sie über den Intellekt und Sprachwitz eines Zwerghamsters, was es schwierig machte, mit ihnen verbal zu interagieren.

Das musste man aber manchmal, wenn man etwa vier Meter entfernt still an ihnen vorbeiging und einer hinterherbrüllte: »He, hast du ›Arschloch‹ g'sagt?«

Falls Sie jetzt ganz automatisch eine Gruppe Basecap-tragender Typen mit Migrationshintergrund im Kopf haben, liegen Sie allerdings falsch und sollten sich mal frei machen von der allzu einfachen Verlockung sarrazinscher Instant-Pauschalierung. Es waren nicht die Murats, Dsengis oder Tarkans, die uns da hinterherbrüllten, sondern die Chrissis, die Michis und die Stevies.

Natürlich fetzten wir uns auch mit Ersteren und die mit uns, aber das war zumindest damals für uns gar kein Unterschied. Das war die eine Clique und das die andere, und jede hatte ihre eigenen Gesetze im Umgang. Und es kam durchaus vor, dass die türkischstämmigen Murats, Dsengis und Tarkans den deutschstämmigen Tommy und seinen türkischstämmigen Klassenkameraden Turhan vermöbelten. Man machte da keinen kulturellen Unterschied, wie schön. Der Effekt war der gleiche, und der war manchmal ganz schön schmerzhaft.

Innerhalb weniger Sekunden war man nämlich umringt, und dann halfen nur zwei Dinge. Entweder reden, bis sie die Lust verloren – *spuck*, »He, was bist du, Scheißpsychologe oder was?«, *spuck* –, oder etwas Überraschendes und manchmal auch höchst Gewalttätiges tun, damit man die Chance hatte zu entkommen.

Trotz dieser für uns »andere Jungs« wirklich eindeutig spürbaren charakterlichen Nachteile schienen aber die Mädchen auf diese Typen zu fliegen. Auf jeden Fall flogen die Mädchen nicht auf uns. Oder aber wir auf die falschen Mädchen, mag sein. Wir achteten damals vielleicht noch nicht immer sooo arg auf die inneren Werte wie heute natürlich immer dauernd, okay?! Was gibt es da zu lachen?

Die Mädels fanden diese Proleten nun mal ganz ganz toll, und wenn man eine von ihnen fragte, was sie eigentlich alle am Chrissi fanden, dann war man überrascht: »Der ist soooo lieb! Voll süß! Du kennst ihn halt nicht.«

Nein, wir kannten Chrissis voll liebe süße Seite nicht. Zumindest war in seiner Faust wenig süße Liebe zu spüren.

Wir waren vorrangig dafür da, damit man mit uns »voll gut reden und so« konnte.

»Hey, mit dir kann man voll gut reden und so.«

»Vielendankgerneschlafmitmir.«

»Hihihi, du bist voll witzig. Fast wie der Chrissi. Tschau.«

»Tschau, schlaf mit mir, das war kein Witz! Hey! Ach verdammt …«

Claudia war auf eine Weise hier keine Ausnahme und auf eine andere Weise eben doch. Sie war mit einem Typen zusammen, der etwa fünf Jahre älter war, somit bereits Auto fuhr und durchaus einen prolligen Eindruck machte – aber eben nicht auf die Bodenspuck-und-Streitsuch-Weise. Eher auf eine Bodenspuck-und-Kenwood-Aufkleber-in-der-Heckscheibe-Art, wenn Sie verstehen, was ich meine.

Ich weiß leider seinen Namen nicht mehr, könnte ihn eh hier nicht beim Namen nennen und taufe ihn darum einfach Sven, weil es irgendwie passt. Sven trug immer Jogginghosen mit Aufdruck, ein enges T-Shirt über den etwas aufgeblasen wirkenden Muskeln, und seine Eltern hatten auf just diesem Campingplatz einen Dauerstellplatz. Dieser lag nur wenige Meter neben dem Dauercamperplatz von Claudias Eltern, und genau so hatten sich Claudia und Sven wohl auch kennen- und lieben gelernt. Seitdem brachten sie die Wochenenden und alle Urlaubstage damit zu, als das inoffizielle Campingprinzenpaar vom Riegsee den ganzen Tag in Svens Jeep den steilen Weg zwischen den Dauercampern rauf und wieder runter zu brettern. Dann wieder rauf und wieder runter. Dann stiegen sie mal oben aus, um in Svens Wohnwagen zu schnackseln, fuhren wieder runter und stiegen aus, um zu rauchen und auf den Boden zu spucken. Dabei plärrte langmähniger Proleten-Rock aus den Kenwoodboxen, und niemand beschwerte sich. Man beschwerte sich nur, wenn die zwei bleichen Loser mit der Gitarre und den Bongos versuchten, so etwas wie Musik zu machen. Wohlgemerkt in einem Achtundzwanzigstel der Lautstärke von Svens Autoradio.

Auch das gehört zu Dauercampern irgendwie dazu. Lärm ist nicht gleich Lärm. Wenn der Campingprinz seine Freundin beschallt, ist das so ähnlich wie früher die Fanfaren, die von den Zinnen schallten. Wenn da Gruaba in der Früh um sechs den Rasenmäher anschmeißt, dann ist das gut so, denn man hört, dass hier was »gemacht« wird. Da Gruaba is a fleißiga Mo.

Das lässt sich gut vergleichen mit den heutigen Laubgebläse-Fetischisten. Sie sind überall, und sie sind Legion. Aber irgendwie regt sich keiner *wirklich* auf. Es wird ja schließlich Ordnung gemacht, das muss schon sein.

Nun standen wir also völlig erstaunt vor Claudia, und sie redete, lachte, redete und redete. Ich verstand irgendwas von Abschlussprüfung und dass es ja witzig wäre, dass wir ausgerechnet hier, und vielleicht könnten wir heut Abend ja, oh, ihr habt Instrumente dabei, das ist ja, aha und das ist Sven. Hallo, Sven. Spuck, hallo, spuck. Komm mit, wir müssen weiter den ganzen Tag rauf- und runterfahren, und ich will dich pünktlich um 8:43 Uhr oben schnackseln. Wer sind die beiden Loser, stopp, is' mir egal, steig ein. Spuck. Brummmm ...

Hatte sie jetzt gesagt, dass sie irgendwas mit uns heute Abend machen wollte, oder hatten wir das falsch verstanden? Wir tippten natürlich auf falsch verstanden. Schon allein aus Selbstschutz, denn Prinz Kenwood sah nicht so aus, als wäre es eine arg brillante Idee, mit seinem Mädel irgendwas ...

Umso überraschter waren wir, als Claudia mit einer Freundin im Schlepptau bei Sonnenuntergang an unser Zelt klopfte, wo wir gerade um den Kocher kauerten wie Gollum am Fischteich und die zweite Dose Ravioli erhitzten. Sofort brach eine mittlere Panik aus, wir fuhren uns durch die Haare, ruckelten die muffigen T-Shirts zurecht, und ich versuchte besonders posig den Reißverschluss zu öffnen. Es gelang mir teilweise, und er klemmte kaum. Schon traten wir hinaus in die Abendluft und mühten uns redlich, so auszusehen, als hätten wir mit dem Besuch gerechnet.

Wir erfuhren, dass Sven heute mit »den Jungs« nach Murnau gefahren sei, um »einen draufzumachen« wie jeden Freitag. Aha. Während Claudias Beschreibung von Murnau und den dortigen Möglichkeiten, einen draufzumachen, wie ein Sturzbach auf uns niederprasselte, hatten wir Gelegenheit, ihre Freundin mit dem Namen »Gerdi« etwas näher zu betrachten. Da unsere Augen kein Weitwinkel hatten, mussten wir dazu den Kopf hin und her bewegen. Gerdi war nicht dick. Gerdi war epochal. Zudem trug sie so etwas Ähnliches wie einen Tarnanzug, oder zumindest sah es so aus. Zusammen mit diesem soldatischen Aufzug, dem Umfang und dem verkniffenen Gesichtsausdruck sah sie aus wie die lebendige Verkörperung eines Leopard-Panzers.

Torsten und ich sahen uns an. Instinktiv wollte jeder den anderen würgen und dabei brüllen: BITTE TU MIR DAS NICHT AN!

Denn natürlich wussten wir beide, dass einer von uns Gerdi ablenken musste, wenn der jeweils andere bei Claudia an Boden gewinnen wollte. Gerdi würde nämlich immer neben Claudia sitzen, und sie würde aufpassen wie der Höllenhund persönlich, damit niemand Claudias Ehre beschmutzte. Es war völlig klar, dass sie Claudia hörig war, weil die ihr immer solche Sachen sagte wie »Natürlich kannst du das tragen!«. Es war aber auch klar, dass sie alles – wirklich alles – tun würde, um bei Prinz Kenwood in der Gunst zu steigen. Dazu gehörte nicht nur, sondern ganz besonders, dass sie uns verpfeifen würde, sobald wir irgendetwas Unbotmäßiges taten. Oder planten. Oder gedachten zu planen. Die einzige Chance, wie man gefahrlos an Gerdi vorbei in Claudias Nähe navigieren konnte, war … wenn einer von uns beiden Gerdi übernahm. Bitte denken Sie sich hier einen Musikakzent wie aus einem alten Hammer-House-of-Horror-Film. Dazu einen Blitz und das Lachen von Vincent Price.

Keiner von uns beiden wollte Gerdi übernehmen. Vielleicht wollte ja Gerdi auch keinen von uns, aber das war im Moment noch gar nicht das Thema. Es genügte ja schon, wenn sie so etwas wie geschmeichelt war und wir so rudimentär in ihrer Gunst verweilten. Mit jedem Millimeter Boden, den wir an Gerdi gutmachten, reduzierte sich die Gefahr, dass Prinz Kenwood uns den Rest des Urlaubs mit dem Jeep die Schotterstraße rauf- und runterschleifen würde.

Unser Blickduell hatte noch keinen Sieger und Verlierer gekürt, aber wir hatten keine Wahl, als diese Entscheidung auf später zu verlegen. Denn in dem Moment hörte Claudia auf zu reden. Stille legte sich über den See, die Wellen plätscherten leise.

Die beiden Mädels warteten auf irgendwas.

»Und? Kommt ihr mit?«, fragte Claudia noch einmal, und wir nickten sofort. Egal was und wie, wir waren natürlich dabei! Da wir aber nicht wussten, wobei, standen wir erst einmal weiter dumm herum.

Hm.

Da meldete sich Gerdi zu Wort. Ihre Stimme klang gepresst, sie verschluckte gerne Silben, ohne sie vorher zu kauen, und schnaufte nach jedem Satz. Der Atem klang, als würde ein Wal nach dem Auftauchen Wasser blasen. *Prschhhh …*

»Wolltanich'die Inst'mente mitneh'm od'so?«

Ja, na klar wollten wir, und schon gingen wir uns gegenseitig im Weg um, als wir zu zweit durch die Zeltöffnung drängelten wie Laurel & Hardy. Schneller als der Schall waren wir auch schon wieder aus dem Zelt herausgefedert und nickten. Wir waren bereit. Wo geht's noch mal hin?

Claudia lächelte, Gerdi nicht, und sie gingen los. In meiner Erinnerung spüre ich die Vibrationen ihrer Schritte durch meine Sandalen hindurch, aber vielleicht übertreibe ich hier doch ein wenig. Natürlich ist es gemein, so auf Gerdi und ihrem Gesamtvolumen herumzuhacken, aber ich bitte um Verständnis. In dem Moment war Gerdi nichts anderes als der Antichrist. Sicherlich hatte sie sich diese Rolle nicht ausgesucht, und es gab bestimmt einen triftigen Grund für ihren Umfang, psychisch oder gar physisch, wir haben sie nicht gefragt, und wo immer sie jetzt sein mag, sie ist im Grunde ihres Herzens wohl kein schlechter Mensch.

Leider war von diesem weichen Kern nichts zu spüren, als sie neben Claudia her walzte und es irgendwie schaffte, immer genau dort zu sein, wo gerade einer von uns neben Claudia laufen wollte. Wie machte sie das nur?!

Wir hatten überhaupt keine Ahnung, wo uns die beiden Grazien hin entführten, aber ehrlich gesagt war es uns auch egal. Etwas verwundert waren wir allerdings, als Claudia plötzlich die Hand hob und uns wortlos zum Stehen brachte, als wäre sie der Führer unseres Platoons und hätte dort vorne eine Gruppe Vietkong entdeckt. Mit einer weiteren Handbewegung bedeutete sie uns, dass wir Abstand halten sollten. Sie und Claudia gingen weiter, wir blieben erst einmal stehen und folgten dann in gebührender Entfernung.

Der Grund für ihre Vorsichtsmaßnahme war eine Gruppe erwachsener Dauercamper, die gerade vom Restaurant in Richtung ihrer Jägerzaunburgen spazierten. Claudia grüßte höflich, man grüßte lautstark zurück, und der günstige Wind wehte den ein oder anderen blöden Spruch zu uns herüber, wie man ihn auch in Büchlein mit sogenannten Herrenwitzen findet. Das war wohl einer der wenigen Nachteile, mit denen man als hübsches junges Mädchen leben musste.

Mir fiel auf, dass keiner Witze über Gerdi machte. Zumindest nicht so, dass sie es hören oder sehen konnte. Sobald die Gruppe aber an Claudia und Gerdi vorbeigezogen war, ging das Gekicher los, Backen wurden aufgeblasen, die Arme weit weg vom Körper gehalten und ein Wiegeschritt angedeutet. Sehr witzig und wie einfallsreich. Okay, jetzt tat uns Gerdi leid. Ganz kurz vielleicht nur, aber immerhin. Wir waren ja auch nicht aus Stein, verdammt!

Schnell schlossen wir zu den beiden auf, und ich hoffte natürlich zu punkten mit: »Was waren denn das für Deppen?«

»Mein Papi und seine Freunde«, antwortete Claudia spitz, und Gerdi schüttelte nur mitleidig den Kopf. Schon hasste ich sie wieder. Aber Moment mal, täuschte ich mich, oder hatte Torsten gerade ganz leise »Yes!« gemacht und dabei die Faust senkrecht nach unten gerissen, als würde er eine Reißleine ziehen? Mein Freund blickte mich ausdruckslos an. Ich zischte ihm zu, was Daffy Duck in einem meiner Zeichentrickfilme zwischen seinem Schnabel Bugs Bunny entgegenlispelte: »You realithe thith meanth War.« – Dir ist klar – das bedeutet Krieg.

Torsten nickte. Pubertät ist Krieg, und nur die Besten kommen durch. Durch mein unbedachtes Vorpreschen stand es nun 1:0 für ihn.

Neben dem geschlossenen Strandkiosk folgten die beiden Grazien nicht mehr der Schotterstraße, sondern betraten die verlassene Liegewiese. Insgesamt hatten wir den berechtigten

Eindruck, dass sie diesen Weg nicht zum ersten Mal beschritten. Vermutlich machte Prinz Kenwood regelmäßig einen drauf, und wir waren diesmal die Auserwählten. Oder die einzig Verfügbaren. Oder es war eine erste Wirkung unserer Musikinstrumente! Diese Sache mit »Band« und »Mädels«, von der man sich erzählte …

Am Ende der Liegewiese war ein recht martialisch aussehender Stacheldrahtzaun gespannt. Etwas weiter links hing ein Schild, das wir im Dunkeln nicht lesen konnten. »Privat – Zutritt verboten« lasen wir anderntags darauf, und wir hatten uns schon so etwas gedacht. Denn kaum hatten wir mit spitzen Fingern den Zaun hochgehoben, damit sich Gerdi überraschend wendig darunter durchgewobbelt hatte, standen wir auf einem Feld. Um uns herum wuchsen die Halme irgendeiner Müsli-Zutat in die Höhe, und nach nur einem Meter querfeldein im wahrsten Sinne war vom Campingplatz aus nichts mehr von uns zu erkennen. Für ein paar Sekunden waren wir beide orientierungslos und folgten nur dem Rascheln vor uns.

Doch dann stoppten wir erstaunt: Wir waren auf eine freie Fläche von vielleicht drei Metern getreten, wo alle Halme gründlich abgeknickt und flachgetrampelt waren. Gerdi und Claudia zogen jeweils eine Taschenlampe hervor und steckten sie schräg in die Erde. Dann zogen sie ihre Jacken aus und setzten sich darauf. Gerdis Jacke hatte die Größe eines Zeltes, und als sie sich darauf gesetzt hatte, war nichts mehr davon zu sehen. Imposant. Mit einer Mischung aus Faszination und Panik vertrieb ich die Vorahnung aus meinem Kopf, dass ich heute noch die Jacke sein würde. Oh nein, ich würde alles dafür tun, dass Torsten unter dem tarnfarbenen Wal landete. Ja, wir waren befreundet, aber die Schlacht war eröffnet.

Etwas zu spät realisierte ich, dass gerade dräuender Moment der Stille herrschte, und auch Torsten reagierte erst jetzt. Offensichtlich erwartete man von uns, dass wir nun musizierten. Okay, konnten sie haben. Wir würden ihnen alle drei Songs vorspielen, die wir konnten. Rauf und runter. Ich setzte mich in den Schneidersitz und suchte etwas unsicher die Positionen auf dem Griffbrett für den ersten von viereinhalb Akkorden, die ich konnte. Ein a-Moll. Es folgte ein G-Dur und dann wieder a-Moll und immer hin und her.

Torsten setzte mit den Bongos ein, und langsam holperten wir uns in den Groove von »Lady in Black« von Uriah Heep – oder das, was wir davon übrig ließen. Man möge bitte nicht vergessen, dass wir erst seit wenigen Wochen angefangen hatten, auf diesen Instrumenten zu spielen, und das schloss den Gesang ganz ausdrücklich mit ein.

Den Text kann ich heute noch, und ich meine nicht nur den Ahhhahahaaa-Refrain. Ab der dritten Strophe wurde ich auch etwas sicherer, und gegen Ende machte es fast sogar ein bisschen Spaß. Hätten wir jetzt einfach nur einen Schlussakkord gespielt und dann ein bisschen Konversation gemacht, wäre vielleicht alles gut verlaufen. Leider waren wir ein wenig zu beflügelt und dudelten einfach weiter. Torsten wechselte in einen anderen Beat, ich fand die Eins nicht und konnte gar nicht sagen, ob es überhaupt eine gab. Torsten focht das nicht an, und er trommelte auf seinen Bongos, als gälte es, ein Drum-Battle gegen Cozy Powell zu gewinnen. Irgendwann hörte ich auf, armselig nach dem Takt zu suchen, und Torsten döngelte noch eine Weile alleine selbstvergessen weiter. Dann irgendwann bemerkte er endlich, dass ich nicht mitspielte, und sah mich auffordernd an. Ich aber verzog das Gesicht nur zu einem bösartigen Lächeln und verschränkte die Arme. Dein Solo, Totti.

Und Totti solierte. Und solierte. Und wiederholte sich … wurde langsamer … schlechter … versagte. Yes.

Während er sich die schmerzenden Finger hielt, die er sich wiederholt an den Metallstellschrauben der Bongos geprellt hatte, holte ich zum alles entscheidenden Schlag aus.

Ich spielte »Lady D'Arbanville« von Cat Stevens. Das hatte ich zu Hause neu geübt, und Torsten kannte es noch nicht. Schon während der ersten Zeilen merkte ich, dass meine Performance ihre Wirkung nicht verfehlte. Ich legte noch ein wenig mehr Sehnsuchtsschmerz in die Zeilen und schloss gar ach so verträumt die Augen. Leider war ich noch nicht ansatzweise sicher genug, um mit geschlossenen Augen Gitarre zu spielen, und schon schmetterte ich einen dermaßen schrägen Griff in das leuchtende Ährengold, dass die anderen drei synchron das Gesicht verzogen. Mist.

Torsten sah mich an, ich ihn. Wortlos schlossen wir einen Nichtangriffspakt und spielten noch einen Song zusammen: »Knocking On Heaven's Door«. Was sonst.

Hier sang Torsten sogar im Refrain leise mit, und ich wagte so etwas Ähnliches wie eine zweite Stimme … und siehe da, etwas passierte! Zu unserer maßlosen Überraschung sang Gerdi mit. Nein, sie sang nicht nur mit – sie *sang!* Verdammt, sie sang echt gut! Stolz grinste Claudia uns zu, und wir wären fast aus dem schleppenden Schrammelbeat gefallen, als Gerdi in die nächsthöhere Oktave wechselte und dort erst richtig loslegte. Von euphorischem Hochgefühl mitgerissen stiegen wir zu neuen musikalischen Höhen auf, sangen unter Gerdis Leadstimme mit, folgten der Dynamik ihrer Stimme mal zart in der

Strophe und laut im Refrain – es war ganz und gar unglaublich! Instinktiv spürten wir, wann Gerdi den Schluss anstimmte, sie wurde langsamer im letzten Satz, und es war klar, einfach klar. Zusammen legten wir eine Punktlandung hin, und der letzte Ton erstarb völlig synchron und verlor sich irgendwo zwischen den leise rauschenden Halmen …

Magic.

Torsten und ich waren baff. »Du … kannst singen«, brachte ich heraus, und Claudia nickte, als hätte sie Gerdi jeden Ton beigebracht.

»Willst du vielleicht in unserer Band mitmachen? Wir könnten eine Sängerin echt gut gebrauchen!« Er vermied dabei jeglichen Blickkontakt zu mir, denn hey, verdammt noch mal, ich war der Sänger, und warum brauchten wir bitte plötzlich eine Sängerin, wenn wir mich hatten??

Die Antwort von Gerdi tat ihr Übriges, um diesen Themenkreis ein für alle Mal abzuschließen: »Nee, lasst mal, ich hab schon eine Band, und die können richtig spielen.«

Okay.

»Ach und ›Lady D'Arbanville‹ ist e-Moll und nicht Dur, da musst du den Zeigefinger weglassen«, klärte mich Claudia nun auf. Ich muss sie wohl etwas sehr perplex angestarrt haben, denn sie nahm das als Aufforderung wahr und griff sich die Gitarre. Es folgte eine Viertelstunde Gitarrenunterricht, in dem sie mir wortreich ein paar weitere Griffe erklärte und wie man locker aus dem Arm die Saiten anschlug, ohne so verkrampft auszusehen. Vielen Dank. Oh, danke, ja. Aha, interessant.

Es war vielleicht der niederschmetterndste Moment in unserer bisherigen Bandkarriere, als sich Gerdi nun die Bongos

schnappte und die beiden zu den Klängen von Claudias lupen-
reinen Pickings »Morning has Broken« anstimmten. Zwei-
stimmig.

Als sie den Song fehlerfrei beendet hatten, standen Torsten
und mir die Tränen in den Augen, und das hatte vielerlei Gründe:

Die Mädchen, die wir zu beeindrucken trachteten, hatten
uns gerade mal wieder vor Augen geführt, wie viel weiter Mädels in dem Alter sind.

Wir hatten uns mordsmäßig was auf unsere »Band« eingebildet und hatten nicht wenig Lust, unsere Instrumente hier
und jetzt in dem Feld zu vergraben.

Torsten war Allergiker, und sein Gesicht schwoll gerade zu.

So trottete ich wenig später anstatt mit Claudia am Strand
entlang mit dem Elefantenmenschen den Schotterweg zu unserem Zelt zurück. Die Gitarre und die Bongos hatten wir bei
den Mädels gelassen, die noch ein bisschen weiterjammen
wollten. Klar, was auch immer, viel Spaß, haut rein, bis dann.

Im Zelt drückte ich Torsten die Cortisoncreme in die von Prellungen und Allergen geschwollenen Finger und verzog mich in
meine Koje. Auf die Idee, dass er heute vielleicht die Ruhe und
Mückenlosigkeit des abgetrennten Schlafraums dringender gebraucht hätte, kam ich nicht, und heute tut es mir leid. Damals
tat es mir ehrlich gesagt einen Scheiß. Ich wollte nur noch nach
Hause, und auf eine Art und Weise war somit alles wie immer
beim Camping.

Tag der Erkenntnis

Die Nacht der Niederlagen war vergangen, und der Tag des Ausflugs kam. Die Fronten waren diesbezüglich schnell geklärt. Torsten würde definitiv alleine zum Staffelsee fahren, dort würde ihn Ralf an der vereinbarten Stelle mit einem Ruderboot erwarten, und sie würden gemeinsam hinüberrudern auf diese elende Campinginsel.

Ich kann mir heute kaum mehr vorstellen, wie wir solche Abmachungen eigentlich damals getroffen haben ohne Mobiltelefone. Unfassbar eigentlich. Wie kamen wir damals aus ohne diese fünfzehn »Ich bin gleich da«-SMSen, kurz bevor wir dann »Wirklich gleich da« sind und schließlich »Gimme 5 Min«, um dann in der Tat fünf Minuten später mit »Fast da ...« noch ein lahmes Star-Wars-Zitat zu bemühen, damit der Wartende vielleicht nicht ganz so sauer gucken würde, wenn wir eine halbe Stunde später dann endlich eintrudeln und dabei irgendwas vom Verkehr murmeln, der überraschenderweise ausgerechnet heute zur Rushhour etwas sehr an Umfang zugenommen hat.

Bei Torstens Abschied fühlte ich mich wie damals, als ich alleine im Bus bleiben durfte, während meine Eltern Ski fahren gingen: sehr gut. Denn ich bin nun mal gerne alleine, und das war ich nun – vom Gruaba und seinem Rasenmäher mal abgesehen, hatte sich bisher niemand auf unsere kreuz und quer Amok-gestutzte Terrasse verirrt.

In einem Anfall akuten Selbstvergessens griff ich auch tatsächlich zu den Physik-Unterlagen, warf einen Blick darauf und spürte sofort wieder diesen seltsamen Schmerz in der linken Gehirnhälfte. Allein der Anblick genügte, um bei mir einen Hirnkrampf auszulösen. Schnell legte ich das Teufelszeug wieder weg, denn ich wollte mich wirklich nicht alleine schäumend und gurgelnd auf dem Boden herumrollen. Es bestand schließlich die Gefahr, dass ich dann meine Zunge verschluckte, soll vorgekommen sein.

Und meine Eltern würden eine schlechte Physiknote sicher meinem qualvollen Ableben vorziehen – Fahrrad hin oder her.

Nachdem ich so also meiner ersten Beschäftigungsoption erfolgreich ausgewichen war, standen nur noch vier Dinge zur Auswahl: runter an den Strand mit einem Buch, hierbleiben mit einem Buch oder beides jeweils ohne Buch. Ich entschied mich für Nummer zwei und blieb hier mit einem Buch. Da die Sonne an diesem Tag schon zu dieser Uhrzeit wahrlich gnadenlos auf uns Menschen herunterbrannte, zog ich es vor, im Schatten des kleinen Vordaches zu schmökern. Braun werden würde ich schon noch früh genug.

Ich schlug das Buch auf und suchte die Stelle, wo ich die Seite umgeknickt hatte. Ich bin kein Buchschoner, sondern ein Buchnutzer. Der Schinken vor mir hieß und heißt bis heute *The Chronicles Of Thomas Covenant, The Unbeliever* von Stephen R. Donaldson. Nach wie vor eins meiner absoluten Lieblingsbücher. Ich las schon damals gerne das englische Original, weil mir Übersetzungen irgendwie nicht geheuer waren, seit ich entdeckt hatte, wie viel witziger die Marx Brothers *eigentlich* waren.

Heute ist mir ehrlich gesagt unverständlich, wieso ich auch

in Englisch so katastrophale Noten hatte. Ich sprach damals schon fließend und recht akzentfrei aufgrund meiner manischen Beschäftigung mit den Beatles und den Marx Brothers. Von Ersteren wollte ich wissen, was sie sangen, und später, was sie über das gesagt hatten, was sie sangen, und von Letzteren wollte ich die Gags im Original verstehen, weil mir die deutsche Synchronisation schon damals seltsam vorkam. So konnte ich bald recht gut Britisch-Liverpudlian und breiten New-York-Slang. Nur Grammatik konnte ich nicht. Das heißt, ich konnte sie schon – ich wusste nur nicht, was ich da konnte. Wenn mir ein Lehrer sagte, ich solle doch Prädikat, Objekt irgendwas blabla, dann wusste ich nicht, was er meinte, und riet. Ich muss wohl meistens falschgelegen haben, denn ich kassierte in den Prüfungen eine Fünf nach der nächsten. So ähnlich ging es mir in Deutsch, obwohl ich hundertseitenweise Theaterstücke schrieb – nur eben keine Erörterungen. Oder in Schreibmaschine, obwohl ich schneller als die meisten und fehlerfrei tippte – nur eben nicht mit dem richtigen Fingersatz. Oder in Sport, obwohl ich im Wahlunterricht Akrobatik mit Vorliebe Salti schlug, an Barren und Reck turnte – nur in Fußball leider eine Niete war. Oder in Chemie, obwohl ich bewiesen hatte, dass hochmolekulares Polyethylen längere Polymerketten hat als … okay, Scherz.

Irgendwie war es unbequem auf dem blöden Klappstuhl. Ich schob ihn zur Seite, drehte dafür das Schlauchboot um und legte mich drauf. Fast gleichzeitig fuhr ich wieder hoch. War so nicht mein Vater immer am liebsten gelegen auf seiner irrsinnigen Reise durch Sardinien mit seinen wahnsinnigen Freunden Wago, Tom-Tom und Hansi? Verdammt! Sofort schnappte ich mir Torstens Luftmatratze und warf mich besonders schwungvoll darauf. Es machte PUTT, und eine Sekunde später raschelte etwas irgendwo im Gras. Gleichzeitig entwich die Luft aus der großen Kammer der Luftmatratze. Torsten hatte beim nächtlichen Betanken wohl den Stöpsel nicht ganz in die Öffnung gewürgt, die war aufgrund des Drucks davongeschossen und lag nun irgendwo in den vom Gruaba übrig gelassenen Grasnaben auf der Terrasse unter der unseren. Na wunderbar.

Genervt legte ich das Buch wieder weg, kletterte die kleine Böschung hinunter und machte mich unterhalb unseres Standplatzes auf die Suche nach dem verdammten Stöpsel. Ich versuchte mich zu erinnern, aus welcher Richtung ich das leise Aufschlaggeräusch gehört hatte, aber je länger ich drüber nachdachte, desto unsicherer wurde ich mir. Natürlich war die Flugbahn rudimentär nachvollziehbar aufgrund der Position der Luftmatratze beim Abschuss. Aber ich suchte trotzdem ebenso lang wie vergeblich.

Ich kletterte wieder die Böschung hinauf und überlegte. Was nun? Da fiel mein Blick auf das Zeltinnere und auf die rachitische Klappkommode mit dem Plastikgeschirr und dem Schweizer Taschenmesser. Bevor Torsten gar keinen Stöpsel hatte, war doch ein Geschnitzter vielleicht noch das kleinere … NEIN! Ich wehrte mich mit aller Kraft dagegen, auch nur irgendetwas zu tun, was mein Vater ebenso getan hätte beziehungsweise sogar getan hatte! Er HATTE einen Stöpsel für seine Luftmatratze geschnitzt, und ich hatte ihn immer dafür verlacht, weil doch jeder weiß, dass das nie im Leben dicht sein kann, also echt! Und jetzt wollte ich selbst … Oh nein, auf gar keinen Fall, never ever!

Inzwischen hatte ich auch Hunger und holte mir erst einmal

unten am Kiosk eine Leberkässemmel mit scharfem Senf. Als
ich wieder am Zelt ankam und die schlaffe Matratze sah, bekam ich erneut ein schlechtes Gewissen. Und Schluckauf. Das
allerdings von der Leberkässemmel, was mir seltsamerweise bis
heute immer wieder passiert. Jajaja, zu schnell gegessen, ist ja
gut jetzt.

Mit geneigtem Kopf machte ich mich wieder auf die Suche
nach dem verdammten Stöpsel und fand ihn ums Verrecken
nicht. Irgendwann stellte ich fest, dass ich wohl wirklich richtig
lange gesucht hatte, denn ich hatte einen ganz schönen Sonnenbrand auf dem Buckel. Die Sonne war wirklich besonders
brutal an diesem Tag, und ich fühlte mich auch irgendwie mat-
schig jetzt.

Ich beschloss, mich ins kühle Zelt zurückzuziehen, und stellte ein weiteres Problem fest: Das Zelt war mitnichten so kühl,
wie ich es von den elterlichen Campingurlauben her gewohnt
war. Wir hatten es nämlich dummerweise so aufgestellt, dass
die Sonne die meiste Zeit des Tages direkt auf die beiden Plas-
tikfolienfenster drömmelte. Jetzt erst erinnerte ich mich daran,
dass mein Vater sich immer so positioniert hatte, dass die Sonne durch die Markise vor dem Zelt davon abgehalten wurde,
das Zelt allzu irrsinnig aufzuheizen. Mühsam kämpfte ich die
Erkenntnis hinunter, dass ich nun schon wieder eine Anregung
aus der väterlichen Campingpraxis im Kopf hatte.

Andererseits war die Hitze langsam kaum zu ertragen, und
die Plastikfolie der Zeltfenster schlug sogar schon erste Wellen.

Eine seltsame Energie schoss mir plötzlich durch den Körper, und innerhalb des Bruchteils einer Sekunde hatte ich mich
plötzlich zu etwas entschlossen. Bevor ich recht nachdenken
konnte, was ich da eigentlich vorhatte, war ich auch schon in

blinden Aktionismus eruptiert. Ich würde das Zelt umdrehen. Jetzt. Alleine!

Schon zog ich die ersten Heringe aus dem Boden und musste dabei grinsen. Ich war nämlich auf Torstens Gesicht gespannt, wenn der Eingang plötzlich an einer anderen Stelle war. Ich hatte einen Heidenspaß dabei, mir vorzustellen, wie ich einfach so tun würde, als wüsste ich nicht, wovon er redet. »Wie, der Eingang ist woanders? Du hast es doch mit mir aufgebaut. Was ist denn los mit dir, Torsten?« Hihi. Lustig.

Die Heringe ließen sich recht leicht herausziehen, und das Zelt stand nun dank ausuferndem Gestänge auch ohne die Verspannung verhältnismäßig stabil vor mir. Doch nun galt es, das Ding um neunzig Grad zu drehen, und das war wiederum alleine nicht ganz so einfach. Ach sagen wir doch einfach mal, es war eigentlich unmöglich. Wir erinnern uns an meine Beschreibung vom Anfang des Buches, dass man schon mit drei Personen Schwierigkeiten haben kann, ein familiengroßes Zelt mit vier Ecken statisch einwandfrei herumzudrehen. Besonders ärgerlich war, dass sich zwar das Gestänge und eigentliche Zelt leidlich bewegen ließ, was aber nicht automatisch auch für das Überdach zutraf.

Bei meinem ersten Versuch verdrehte ich also das Zelt unter dem Dach und musste feststellen, dass dieses zwar nicht an den Seiten, aber oben entlang des Giebels eingehakt war. Irgendwelche Nähte knackten, und ich stoppte erschrocken. Hatte ich die Schlingen am Giebel abgerissen? Nein, ich hatte nur vergessen, dass das Innenzelt ebenfalls mit acht Heringen im Boden verankert worden war. Normalerweise fallen die Dinger ja schon freiwillig entgegen der Schwerkraft aus dem Boden, wenn man sie nur schief ansieht. Dies war aber einer der seltenen Fälle, wo die Dinger auch einen Atomschlag überstanden hätten. Demzufolge hatte ich eine der Schlaufen der Koje abgerissen, und eine Ecke hing nun schlaff herunter. Großartig.

»Was machst du denn da?«, hörte ich eine bekannte Stimme und hielt inne. Als ich mich aus dem Zeltwust gekämpft hatte, standen vor mir Claudia und Gerdi, in ihrer Hand beide Instrumente.

»Da«, sagte der Tarnwal und hielt mir mit seinen Pranken Gitarre und Bongos entgegen. Ich nahm beides an und dankte lahm.

»Geht ihr schon?«, fragte Claudia, und es klang leider so gar nicht bedauernd, sondern eher als sei es zu unhöflich gewesen, jetzt einfach wegzugehen. Ich verneinte und erklärte, dass ich das Zelt gerade drehte, um das Vordach in die Sonnenrichtung zu stellen.

»Bisschnspät«, murmelte es aus Gerdi, und dann folgte so etwas wie ein mitleidiges Lachen. Gerade wollte ich etwas antworten, als Prinz Kenwoods Jeep schottersprizend neben unserem Zelt bremste. Durchlaucht stieg aus, und anstatt irgendwas zu sagen, deutete er nur auf Claudia und machte eine Bewegung, die ich sonst eher von Hundehaltern kannte. Übersetzt in Sprache lautete sie so was wie: »Du. Rein. Hopp.« Claudia folgte, stieg ein, und schon rauschte der Jeep die Straße hinauf und dem Rammeln entgegen. In dem Augenblick, wo Claudia tat, was ihr Herrchen befahl, war sie für mich unten durch. Libido hin oder her, das war einfach nur armselig.

Plötzlich gewannen die ganze Versteckaktion im Feld und der zu wahrende Abstand zu den beiden, als Papa und Konsorten aus der Kneipe wankten, eine ganz eigene Bewandtnis, und ich fühlte mich irgendwie befreit. Das war nicht meine Welt, und ich wollte damit auch gar nichts zu tun haben. Brrr …

Gerdi blieb noch einen Moment lang stehen, und keiner von uns sagte etwas. Ich weiß nicht, warum, aber ich glaube, sie dachte gerade das Gleiche. Hatte es vielleicht schon oft gedacht, wer weiß.

Dann brach ausgerechnet sie das Schweigen. »Singst okay. Gut's Englisch. Hörnichauf.« Dann nickte sie mir zu, drehte sich weg und wobbelte schweren Schrittes hinter dem Auto her die Straße hinauf. Seltsamerweise sahen wir sie danach nie mehr wieder. Vermutlich war ihr Urlaub vorbei. Aber bis heute denke ich an sie und wie sie in dieser Nacht plötzlich losgelegt hatte. Das war ein echter Soul-Moment. Musik, die spricht. Wahnsinn.

Ich kann nicht genau sagen, warum, aber das halbseidene Lob von Gerdi sorgte für einen Adrenalinstoß. Sie konnte richtig singen und spielte in einer richtigen Band! Eine Band mit mehr als vier Akkorden! Und sie hatte mir gesagt, dass ich okay singen würde. Cool! »Okay«, das war doch … also das war doch echt schon ganz okay, oder nicht? Yes! Das würde ich Torsten erzählen … und vielleicht noch das ein oder andere Lob dazuerfinden, mal sehen.

Voller Elan wandte ich mich wieder dem viertelgedrehten Zelt zu. Jetzt zu dir, Scheißding, murmelte ich halblaut und griff beherzt die Plane. Ich würde das jetzt durchziehen. Die drückend gestaute Hitze in dem Plastikzelt wütend ignorierend, riss ich die Heringe rund um die Koje aus dem Boden und machte mich dann wieder an die eigentliche Quest des Zeltdrehens.

Eigentlich hatte ich mit maximal einer halben Stunde gerechnet, und ich konnte mir gar nicht erklären, wieso das alles dann doch so lange dauerte. »Tausend und eine Kleinigkeit« ist die einzig richtige Antwort. Überall hakte es, hing es, knackte es, verschob sich was, waren Steine im Boden exakt an der Stelle, wo der Hering perfekt positioniert gewesen wäre … Es war zum Verrücktwerden! Und dann passierte etwas wirklich Schreckliches. Noch heute stockt mir der Atem bei dem Gedanken, aber ich spreche die Wahrheit.

Ich hatte Spaß.

Ich hatte Spaß dabei, gegen das verdammte Zelt zu kämpfen, ja die eigentlich unerträgliche Hitze machte mich nur noch entschlossener! Ich würde mich nicht von so etwas wie schönem Wetter kleinkriegen lassen, oh nein, ich würde dieses Zelt herumdrehen, und wenn mich die Sonne dabei pulverisieren würde, verdammt noch mal! Sonne, ich verlache dich! Du kriegst mich nicht klein! Ich singe okay, verdammt noch mal! Hast du gehört? Verdammt okay! Also sieh mich an und wisse, dass ich es ernst mit dir meine! Siehst du mich schwitzen? Ja! Aber siehst du mich aufgeben? Nein! Ich nehme den Kampf nicht nur auf, ich gewinne ihn! Ich bin am Leben … ich … ich …

… ich bin keinen Deut anders als mein Vater.

Ob dieser Erkenntnis musste ich erst einmal pausieren und ein paar Minuten lang Löcher in die flirrende Hitze starren. Aber die Erkenntnis war eindeutig. Wie ich es auch drehte und wendete, ich war der Sohn meines Vaters, und ich konnte mich auf den Kopf stellen und die Christl von der Post rückwärts singen – das würde nichts ändern. Die Fakten:

- Ich hatte mir selbst eine Aufgabe gestellt, die alleine deutlich schwieriger zu lösen war als zu zweit.

- Ich hatte die möglichen Unwägbarkeiten nicht nur unter-
  schätzt, sondern ignoriert.
- Je nervtötender es wurde, desto entschlossener war ich.
- Je anstrengender es war, desto mehr Spaß machte es mir.

Schließlich kam ich wieder in Bewegung. Nachdenklich klopfte ich die letzten Heringe schief in den plötzlich recht steinigen
Boden und zurrte die letzten Spannleinen fest. Dann räumte
ich die paar Einrichtungsgegenstände an ihre neuen Plätze und
reparierte die zusammengefallene Ecke der Schlafkoje notdürftig durch Zusammenbinden des Eckzipfels mit einem
Stück Schnur, das ich von einer der anderen Leinen mit dem
Feuerzeug abgebrannt hatte.

Dann trat ich vor mein Werk und sah, dass es gut war. Dann
wurde mir plötzlich fürchterlich schwindelig. Wasser …

Nachdem ich ein paar Liter getrunken hatte, ging es mir
zwar besser, aber ich war nach wie vor in Gedanken. Langsam
kamen mir nämlich noch andere Begebenheiten in den Sinn,
die zwar nichts mit Camping zu tun hatten, aber trotzdem irgendwie die gleiche Grundkonstellation bargen: Theoretisch
gesprochen ging es immer und immer wieder um Aufgaben, die
eigentlich unmöglich schienen und die ich aber unbedingt und
gerade deswegen wild entschlossen anging.

Ein aktuelles Beispiel war doch sogar die Schulband! Noch
vor ein paar Wochen hatte ich in einer anderen Band gespielt,
und als mich ein älteres Mädchen fragte, wie viel es kosten würde, wenn wir auf ihrem achtzehnten Geburtstag spielen würden, hatte ich kurzerhand vorgeschlagen, dass ich »mit meiner
anderen Band« umsonst spielen würde. Dort wäre ich Gitarrist
und würde singen. Sie freute sich und sagte zu. Ich freute mich

auch und ging erst einmal eine Gitarre kaufen, denn ich musste nun innerhalb von zwei Monaten irgendwie eine Band zusammentrommeln, Gitarre lernen und dann auch noch ein abendfüllendes Programm einproben!

Warum hatte ich das getan? Weil ich eben – ganz wie mein Vater – erst dann wirklich über mich selbst hinauswuchs, wenn ich eine entsprechende Aufgabe hatte, an der ich wachsen konnte. Oder musste.

In gewisser Weise ist das auch heute noch so, und so entstanden im Laufe der Zeit die irrsten Produkte. Die RTL-*Samstag-Nacht*-Rubrik »FAR OUT« mit Mirco Nontschew und mir als Tester von Extremtrends aus den USA war auch so ein Fall: Wir hatten uns zusammen mit den Autoren etwas ausgedacht, und es war jedes Mal völlig unmöglich im Rahmen der Drehzeit, des Budgets und des Aufwands in der Nachbearbeitung. Gerade die Unmöglichkeitsvermutung aber feuerte mich so sehr an, dass ich alle anderen mitzog und wir in über vierzig Folgen ein paar wirklich erstaunliche Dinger auf die Beine stellten. Wir schossen uns beim »Extreme Silvestering« selbst als Raketen quer durch den Park, rollten zusammen mit Snowboards eingeklebt in Rhönräder die Abhänge hinunter für das »Extreme Summersnowboarding« oder kletterten auf gigantische Fabrikschornsteine, um dort oben fürs »Extreme Kiffing« säckeweise Hanf hineinzukippen. Zweieinhalb Stunden Drehzeit, dann Karim und Co. im Schnitt nerven und eine Nacht lang zusammen mit Martin Ernst den ganzen Wahnsinn noch mit einem handgemachten Rock-Soundtrack versehen – das war vor allem in den Zeiten *vor* dem Digitalschnitt von Festplatte ein wöchentliches Ding der Unmöglichkeit. Ich stand zwei Jahre lang unter Strom, und ich liebte jede Sekunde!

Mein Vater hatte in seinem Job bei der Post kaum mit solchen Widrigkeiten zu kämpfen. Aber im Radsport gab es natürlich genug Gelegenheiten, über sich selbst hinauszuwachsen, und neben seinem Talent war es sicher der entscheidende Faktor, dass es ihm Freude bereitete, sich selbst und allen anderen immer wieder zu beweisen, dass das Unmögliche für ihn möglich war. Weil er es ignorierte.

Aber weil ihm das nicht genügte oder vielleicht zu monothematisch war, musste es eben auch und gerade im Urlaub noch ein bisschen mehr sein. Diese Straße ist nicht befahrbar – außer für uns. Hier kann man nicht campen – wir schon. Dieser Motor ist ein Witz – und wir fahren damit übers Meer. Bei Flut verschwindet diese Insel – nichts wie hin. Und so weiter und so fort.

So saß ich also da im Zelt, widerwillig campend, und hatte meinen ersten erhellenden Moment tief empfundener Selbsterkenntnis. Es war ein komisches Gefühl, und irgendwie war mir schwummerig. Oder war das doch die Hitze?

Pah, a Guada hoid's aus, und de Krappweis, de san Hund!

Mit einem Ruck löste ich mich wieder aus dem Dämmerzustand postpubertärer Selbstreflexion und sah mich um. Mein Blick fiel auf die schlaffe Luftmatratze. Oh, stimmt, ich hatte nach wie vor ein Problem. Torsten würde heute Nacht keine Luftmatratze haben, es sei denn, ich fand den Stöpsel. Ich hatte zwar das Zelt erfolgreich gedreht, aber die eigentliche Aufgabe nach wie vor nicht gemeistert. Ich überlegte, was mir noch für Lösungsansätze blieben, und dabei ignorierte ich abermals den Stöpselschnitzversuch. Auch im Lichte der neuesten Erkenntnisse war es schließlich nach wie vor eine alberne Idee.

Da kam mir ein weiterer Gedanke, der so naheliegend war, dass ich mich wunderte, nicht schon vorher draufgekommen zu sein. Ich wanderte abermals hinunter zum Kiosk, um dort nach einem solchen Ersatzteil zu fragen. Ich war doch sicher nicht der Einzige, dem … aha, war ich allerdings, erfuhr ich wenig später und wurde zudem noch besonders schlaubergerisch auf den kleinen Plastikwurmfortsatz hingewiesen, den man bei den meisten Markenmatratzen in ein kleines Loch einhaken konnte, um zu vermeiden, dass …

Ich erspare Ihnen an dieser Stelle den Monolog der Fachverkäuferin für Luftmatratzen, Süßwaren und Toilettenartikel.

In Gedanken versunken tappte ich wieder zurück zu unserem Standplatz. Irgendwie war mir schwindelig. Ideen, Situationen und Lösungsansätze für das Stöpselproblem vermengten sich zu einer seltsam traumartigen Melange in meinem Kopf. Was war nur mit mir los?

Wieder am Zelt angekommen, wurde mir bewusst, wie verdammt heiß es heute war. Mein Nacken brannte inzwischen recht schmerzhaft, und als ich endlich die Sonnencreme bemühte, brannte es noch ein bisschen mehr.

Irgendwie war mir echt nicht sooo arg gut, vielleicht hatte ich mich in der Nacht irgendwie verlegen oder so?

Mein Blick fiel auf den Fantasy-Wälzer, aber ich hatte gar keine Lust mehr zu lesen, und der Gedanke an den blöden Stöpsel ließ mich auch nicht los. Erstaunlich, wie enervierend es für mich doch sein konnte, dass sich dieses Problem nicht lösen ließ. Und abermals fiel mir etwas auf. Ganz genauso ging es meinem Vater auch. Wenn zum Beispiel der lächerliche Bootsmotor nicht anspringen wollte, werkelte mein Vater stunden-, ach was, tagelang an dem Ding herum, fluchte, schnitzte Ersatzteile aus Holz oder bog sie aus Metall zurecht. So lange, bis das Ding uns wieder hinaus aufs Meer trug. Selten zurück, aber immerhin erst einmal hinaus. Und genauso ging es mir in dem Moment. Es nagte an mir, dass ich es nicht schaffte, die blöde Luftmatratze wieder zu verschließen. Mit Luft im Inneren! Das gibt's doch wohl nicht!

Ich beschloss noch ein drittes und letztes Mal, ganz systematisch nach dem Ding zu suchen. Abermals kletterte ich die Böschung hinunter und schlitterte dabei etwas sehr unbeholfen über den letzten Meter. Hoppla …

Was wollte ich doch gleich? Ach ja. Dings, Stöpsel. Diesmal würde ich in ganz kleinen Schleifen durch das Gras laufen und wirklich jeden Schritt ganz genau abm … mm … Mein Kopf dröhnte wie eine Abrissbirne nach Feierabend. Ich musste mich an die Böschung stützen und erst einmal im Schatten etwas verschnaufen. Bei dem Gedanken, jetzt wieder in der Hitze durch das Gras zu trapsen, drehte sich alles in mir. Ich stand auf, und nun drehte sich auch noch alles *um mich herum* – und zwar in die andere Richtung, als es sich in mir drin drehte. Huii …

Der urlaubs- oder wenigstens freibadgestählte Leser wird es schon längst geahnt haben: Ich hatte einen fulminanten Sonnenstich.

Wie ein doppelwandiger Brummkreisel stolperte ich die Böschung wieder hinauf, auf unser Zelt zu, schnappte Torstens Luftmatratze, Buch und Stuhl und ließ es irgendwo im Zelt fallen. Ich hatte nicht einmal mehr die Energie, mich über diese pawlowsche Automation zu ärgern, die mir mein Vater eingebläut hatte: »Nix draußn steh lassn.« Egal jetzt, ich kroch einfach nur noch in meine Schlafkoje und fiel auch sofort in einen unruhigen Schlaf. In meinem Traum befahl ich meinem Vater, mit dem Bus dem Verlauf eines Flusses zu folgen und dann kalkuliert einen Wasserfall hinabzustürzen, um die Bucht dort unten zu erreichen, und gab schließlich meiner gesamten Familie Anweisungen, wie das Zelt aufzubauen war. Dann fuhr ich mit dem Fahrrad davon, um ein Bergzeitfahren zum Mond zu gewinnen. Ohne Sauerstoffflasche …

Ich erwachte von einem dumpfen Stöhnen. Irgendwer raschelte sich stolpernd an der Wand des Zeltes vorbei und brabbelte dabei wirres Zeug vor sich hin. Als ich meinen Kopf hob, drehte sich alles. Trotzdem schob ich meine Rübe halbwegs unfallfrei aus dem Innenzelt. Da ratschte auch schon der Reißverschluss, und Torsten kam ins Zelt gestolpert. Oder zumindest sah er Torsten recht ähnlich, so von der Statur her und von der Haarfarbe. Der Rest war einfach nur rot.

Schon ließ er sich wie in Zeitlupe vor meinem trüben Blick auf die Luftmatratze fallen, und sein erleichtertes Stöhnen ob der zu erwartenden weichen Landung hallte in meinem Brummschädel wider, als hätte er in eine Kathedrale gehustet. Bevor ich so etwas wie »Nein, warte, da ist keine Luft drin, und du wirst dir sehr weh tun, wenn du jetzt gleich aufschlägst, aber du sollst vorher wissen, dass ich alles Mögliche versucht habe, und ich wünschte mir nun doch, ich hätte einen Stöpsel geschnitzt, au weia, ich prognostiziere große Schmerzen in Rücken, Ellbogen und Hinterkopf!« sagen konnte, war Torsten auch schon aufgeschlagen.

Hilflos starrte ich auf meinen Freund, der sich im Halbdunkeln des sommerlichen Abends schmerzhaft auf dem Zeltboden krümmte. »… ah … aua! … Warum?«, stammelte er und rang nach der Luft, die ihm der unerwartet harte Aufprall genommen hatte.

Ich nahm alle meine Sinne zusammen, entschuldigte mich wortreich bei ihm, erklärte ihm, so gut ich vermochte, was genau passiert war, dass es mir leidtat, dass ich wirklich gesucht hatte, wo ich genau gesucht hatte, was ich unternommen hatte und …

Nun, zumindest dachte ich, dass ich das erklärte. Als ich schließlich aufhörte, zusammenhanglose Wortfetzen zu brummeln, während mir unkontrollierter Speichel aus dem Mundwinkel rann, hätte Torsten klarwerden können, dass es mir nicht sonderlich gutging. Allerdings hätte das vorausgesetzt, dass es ihm auch nur einen Deut bessergegangen wäre. Und das war nicht der Fall. Ich glaube, ihm ging es sogar noch einen ganzen Doppeldeut schlechter.

Der Fall war nämlich wie folgt: Dieser Tag, an dem Torsten seine Tour zu Ralf gemacht hatte und ich stundenlang schuldbewusst durchs Gras getippelt war … dieser Tag war der heißeste, wolkenloseste Tag seit mehreren Jahren. Im Ernst. Die besondere Hitze dieses Tages war den Fernsehnachrichten eine Erwähnung jenseits der Wetterkarte wert, und das zu der Zeit, bevor die n-TVs und Euronewses dieser Welt jede Pfütze filmten, um daraus die nächste Flutkatastrophe hervorzuberichten. Und just diese Jahrzehnt-Sonne hatte ungehindert heruntergebrannt auf die zwei Grottenolme aus dem Bandproberaum.

Folglich knickte auch Torsten trotz Prellungen an Steiß, Kopf und Ellbogen einfach zur Seite und schlief einen tiefen Schlaf. Ich lag neben ihm mit dem Kopf halb aus der Koje und war schon vor ihm wieder weggetreten.

Filmriss.

Tottis Tag

Als ich erwachte, hatte ich einen Abdruck vom Reißverschluss am Hals wie das Mal des Gehenkten, und ich war über und über von Mückenstichen zerbombt. Geschah mir nur recht, sag ich jetzt einmal, obwohl ich mir da gar nicht so sicher bin. Aber es macht mich vielleicht ein wenig sympathischer – als wäre das jetzt kurz vor Ende des Buches noch einen Versuch wert.

Torsten und ich hatten uns also beide einen dermaßen umfassenden Sonnenstich eingefahren, dass wir kaum in der Lage waren, die hundert Meter zum Klo unfallfrei zu bewältigen. Für die anderen Camper muss es so ausgesehen haben, als seien wir am dritten Tag unseres Urlaubs schon blauer als der bayrische Himmel. Aber das kann ich nur mutmaßen, denn wir waren beide zu sehr damit beschäftigt, in die richtige der beiden Türen zu treten, um uns dann für die richtigen Kloschüsseln zu entscheiden und nicht etwa für ihre geisterhaften Zwillinge direkt daneben, was aus vielerlei Gründen fatal gewesen wäre. Vielleicht haben wir aber auch danebengedonnert, ich weiß es einfach nicht mehr, und das ist sicher gut so.

Als wir schließlich wieder in unserem Zelt angelangt waren und sogar den Eingang gefunden hatten, erzählten wir uns schließlich gegenseitig mit aufgeplatzten Lippen die gestrigen Erlebnisse. Aber wenn ich dachte, dass ich mit meiner Mi-

schung aus Papa-Paranoia, Ungeschicktheit und freundschaft-
lichem Suchversuch punkten konnte, dann wurde ich durch
Torstens Geschichte eines Besseren belehrt. Während ich sozusagen mein Coming-out als Unmöglichkeitsfetischist gehabt
und den Sonnenstich eher nebenbei erlangt hatte, war Torsten
zur Höchstform aufgelaufen, was die Anekdotisierbarkeit von
Campingerlebnissen angeht. Ein Schuft wäre ich, hielte ich Ihnen Folgendes vor, bruhaha.

Es war anfangs recht gut gelaufen. Torsten fand dank Landkarte und guter Beschilderung problemlos zum Treffpunkt am
Ufer des Staffelsees, und tatsächlich wartete da am Steg auch
schon unser Kumpel Ralf in einem schweren Ruderboot aus
dunklem Holz. Allerdings wirkte er nicht ganz so begeistert
von Torstens Besuch, was dieser aber einfach ignorierte.

Torsten freute sich, dass er so gut hergefunden hatte, er freute sich, Ralf zu sehen, und war schon ganz gespannt, wie dieser
Campingplatz auf der Insel wohl sein würde. Schon auf der
Überfahrt mit dem Ruderboot fragte er Ralf ein Loch in den
Bauch – wie bekommt man da morgens Brot, habt ihr Strom,
fließend Wasser, wie viele Leute sind denn da, sind die nett,
und wenn nicht, was macht man dann, wenn man nicht weg
kann, und so weiter. Ralf beantwortete alle Fragen eher einsil-
big. Torsten schob das auf den Umstand, dass Ralf bestimmt
bei jedem Besuch die gleichen Fragen zu beantworten hatte.

Der Grund für Ralfs eher verhaltene Freude anlässlich Torstens Anwesenheit war allerdings ein anderer, und der hieß
Anne. Sie kannten sich schon seit ein paar Wochen, aber bisher
hatten sie noch nie wirklich Zeit alleine verbracht. Wie das so
ist in dem Alter, ist man ja eigentlich die ganze Zeit nur auf der

Suche nach einem stillen Örtchen, wo nicht alle fünf Minuten jemand reinplatzt und fragt, ob man was trinken will. »Nun zeig doch der Anne mal die Fotos, wo wir in Spanien waren! Das war doch so ein schönes Haus. Und du mit dem Esel, das war doch so lustig!«

Und jetzt stelle man sich vor: Ralf und Anne hatten nun tatsächlich erdiskutiert, dass sie vier Tage vor Ankunft der gesamten Elternschaft auf die Insel durften. Ungestört. In einem geräumigen Zelt. Endlose Möglichkeiten …

… wäre da nicht der Torsten. Und der hockte nun zwischen den beiden und wollte bespaßt werden. Bereits nach wenigen Minuten zog sich Anne unter fadenscheinigsten Gründen ins Zelt zurück, nicht ohne Ralf einen Blick zuzuwerfen, der vieles heißen konnte und all das wohl auch hieß.

Ralf wurde es plötzlich ein wenig wuschig zumute, und er schlug Torsten vor, doch ein wenig zu surfen. »Surfen? Aber …« Neinnein, das sei ganz einfach, beteuerte sein Kumpel Ralf und klopfte ihm jovial auf die Schulter. Dann stellte er Torsten auf das Surfbrett, drückte ihm das Segel in die Hand und schob ihn einmal kräftig an.

Während Ralf mit federndem Schritt ins Zelt der Verheißung eintrat, war Torsten bereits ein ganzes Stück vom Ufer entfernt. Etwas zu spät erinnerte er sich daran, dass er wirklich überhaupt nicht surfen konnte, ließ das zerrende Segel los, verlor die Balance, prallte auf das Board, fand keinen Halt und rutschte ziemlich plump ins Wasser. Als er wieder auf das Surfbrett gerobbt war, stellte Torsten überdies fest, dass er gar keine Ahnung hatte, wie man das Segel eigentlich wieder aus dem Wasser bekam. Für den Fall, dass Sie das noch nie selbst versucht haben, sei darauf hingewiesen, dass das Segel aufgrund der Tatsache, dass es plan auf der Wasseroberfläche liegt, einen Unterdruck erzeugt, wenn man es einfach so wieder aufrichten will. Wenn man niemanden hat, der einem sagt, wie es geht, kann das schon mal ein wenig dauern, bis man es raushat.

Da der Torsten aber ein findiges Kerlchen ist und technisch wahrlich nicht unbegabt, hatte er es irgendwann intellektuell durchdrungen und schaffte es auch immer wieder ein paar Sekunden, zusammen mit dem Segel aufrecht zu stehen. Das löste aber nur eins der Probleme, denn der Wind blies nicht gerade in Richtung der Insel. Um wieder zurückzukommen, hätte Torsten kreuzen müssen, immer hin und her. Und das lernt man nicht mal eben einfach so. Erst recht nicht alleine in der Mitte vom Staffelsee. Denn dorthin hatte ihn sein erzwungener »Basiskurs Segelaufrichten« inzwischen gebracht.

Egal was Torsten versuchte, nach ein paar Sekunden fiel das Segel wieder ins Wasser und er gleich mit. Und zudem entfernte er sich immer weiter von der Insel!

Nach etwa zwei Stunden grenzverzweifelter Schufterei irgendwo auf dem Staffelsee unter der prallsten Sonne seit zwei Jahrzehnten gab Torsten erschöpft auf und sank schwer atmend auf das Surfbrett.

So fand ihn der Ralf, nachdem er irgendwann doch ein schlechtes Gewissen bekommen hatte und nach seinem Freund und Bandkollegen sehen wollte. Vielleicht brauchte Ralf auch einfach eine Verschnaufpause, und Torsten war eine willkommene Ausrede für die temporär erschöpfte Manneskraft, man weiß es nicht. Auf jeden Fall entdeckte er Torsten erst nach längerer Suche mit einem *Fernglas*. Sein Kumpel trieb bewegungslos auf dem Surfbrett durchs Wasser. Sofort schwang sich Ralf in sein Ruderboot und schoss über den See auf Torsten zu.

Als er ihn endlich erreichte, stellte sich heraus, dass Torsten nach wie vor am Leben war. Er hatte nur versucht, wieder zu Kräften zu kommen, und wollte außerdem abwarten, ob der Wind sich vielleicht irgendwann drehte. Sie legten das Segel halb über das Boot und zogen so das Surfbrett mit zurück zur Insel.

Dort wartete bereits Anne am Eingang, und sie freute sich nicht gerade, Torsten wiederzusehen. Und wie wir Männer so sind, hatte Ralf beim Anblick der Angebeteten auch sofort wieder alle Skrupel vergessen. Der kleine Ausflug hatte ihm zudem die nötige Auszeit verschafft, und wer könnte es ihm verdenken, dass er Torsten vorschlug, es doch stattdessen mit dem Ruderboot zu versuchen.

»Schon mal gerudert?«

Torsten verneinte dies, und Ralf meinte, dies wäre doch die Gelegenheit, es mal in aller Ruhe zu üben. Sprach's und schob Torsten abermals auf den See hinaus. Diesmal im Ruderboot.

Elfengleich verschwand Anne wieder im Zelt, und Ralf schwebte hinterher. Kaum hatte sich der Reißverschluss hinter den beiden geschlossen, hatte Torsten auch schon eins der schweren Holzruder verloren. Der Versuch, mit dem restlichen Ruder vom Bug des alten Holzbootes aus links und rechts zu paddeln, um wieder dorthin zurückzugelangen, wo das andere Ruder verloren gegangen war, war nicht von Erfolg gekrönt. Das verlorene Ruder ging zwar nicht unter, aber es kam auch nicht von alleine zurück. Etwa zehn Meter davon entfernt drehte sich Torsten in dem Holzkahn um die eigene Achse, und irgendwie ging es ihm gar nicht so gut.

Immerhin entfernte er sich diesmal nicht ganz so schnell vom Ufer der Insel, und als Ralf nach einer Stunde reichlich geschafft und zufrieden aus dem Zelt trat, um nach seinem Freund zu sehen, brauchte er entsprechend weniger lang, um Torsten wieder zu erreichen. Schnell hatte Ralf das Segel vom Surfbrett getrennt und war mit einem Doppelpaddel erst zu Torsten und dann mit ihm im Schlepptau zu dem einsamen Ruder gefahren, das gemütlich im See vor sich hin trieb.

Torstens Zustand war nicht mehr der beste, und er besserte sich auch nicht, als ihn am Ufer abermals das undurchdringliche Gesicht von Ralfs Freundin Anne empfing.

»Vielleicht essen wir was zusammen und …«, begann Ralf, unterbrach sich aber schnell wieder, als er bemerkte, wie sich Annes Augen weiteten. Also drückte er Torsten eine halbwarme Limo in die Hand und schlug vor, ihn doch einfach wieder zu seinem Fahrrad zurückzurudern. Es war inzwischen etwa 16:00 Uhr und noch nicht nennenswert kühler geworden. Trotzdem fand sich Torsten nach einer brüllen heißen Überfahrt auf dem Steg wieder, in dessen unmittelbarer Nähe er heute Vormittag das Fahrrad hatte liegen lassen.

Der verheißungsvolle Singsang seiner Sirene im Kopf, war Ralf auch schon wieder losgerudert und rief noch ein halbherziges »Bis bald« zurück, was mit Sicherheit nicht wörtlich zu verstehen war. Mit langen Zügen schoss er auf die Insel der Verlockung zu, um sich dort wieder den dionysischen Freuden ungehemmter Fleischeslust hinzugeben. Und ich möchte hier ganz ausdrücklich darauf hinweisen, dass es mir in dem Alter nicht anders gegangen wäre! Ich hätte nahezu alles getan für drei Tage ungestörtes Experimentieren! Sagte ich *nahezu*, ich meine natürlich *alles!* Freund hin oder her, wenn er zwischen mir und der sexuellen Erfüllung gestanden wäre, hätte ich sogar seine Organe einzeln versteigert! Ralf hatte ihn wenigstens nur auf den See hinausgeschubst, das war noch vergleichsweise harmlos. Immerhin hatte er ihm keinen Stein umgehängt oder ein Loch ins Boot gemacht. Ich finde, das sollte man ihm hoch anrechnen.

Leider war das noch nicht das Ende dieses heißen Tages für meinen Freund Torsten, denn das Schicksal hatte noch eine letzte Herausforderung für ihn bereitgestellt. Ich mach's kurz – das Fahrrad war verschwunden.

Egal ob geklaut oder aus dem Naturschutzgebiet entfernt, Fakt ist, dass es nicht da war, wo es hätte sein sollen, und auch nicht im Umkreis der üblichen Meter, die sich ein mutmaßlich Betrunkener auf dem Rad halten kann, bevor er umkippt. Das ist kein Blabla, schon mehrfach hatten wir in den vergangenen Jahren unsere mutmaßlich für immer geklauten Räder wenige Meter vom Tatort entfernt in einem Gebüsch wiedergefunden. Nicht so in diesem Fall. Also machte sich Torsten nach einer Stunde erfolgloser Suche zu Fuß auf den Weg zurück. Immerhin hatte er eine Karte, also wusste er wenigstens, an welcher Schnellstraße er entlangzuwandern hatte. Laut Internet dauert der Fußweg eine Stunde und fünfundzwanzig Minuten zurück zum Campingplatz Gruber. Insofern kein Ding der Unmöglichkeit. Andererseits vielleicht aber auch wieder doch, wenn man Torstens Erschöpfungszustand und die Wirkung der Sonne berücksichtigt. Torsten zählte jetzt auch nicht gerade zu den trainiertesten Schülern unseres Schulzentrums Neuperlach Nord. Dank excessivem Schlagzeugspielen war er bei weitem kein Schlaffi, aber so ein paar Stunden Surfen und Einhandrudern unter der Sonne des Südens gehen dann doch auch einem jungen Drummer an die Reserven.

Das verbrannte und dehydrierte Wrack, das irgendwann in

unser Zelt und zu allem Überfluss auch noch auf eine platte Luftmatratze plumpste, war völlig verständlicherweise zu kaum mehr in der Lage, als eben diesem leisen: »… au … warum …«.

Und so lagen wir nun beide in unserem ersten und letzten gemeinsamen Campingurlaub nebeneinander wie wahre Freunde und teilten ein und dasselbe Schicksal. Vielleicht drehte sich in unseren Köpfen sogar die Welt in die gleiche Richtung …

Das war der Moment, in dem da Gruaba wieder begann, rund um uns herum das Gras zu mähen.

Ich sah zu Torsten, Torsten sah zu mir, und ein heiseres Husten entrang sich unseren trockenen Kehlen. Wäre da Gruaba nicht so laut gewesen mit seinem Rasenmäher, hätte er vielleicht gedacht, dass da in dem Zelt gerade zwei Kettenraucher den Freitod durch Inhalieren einer Packung Roth-Händle forcierten. Aber wir beide kannten uns gut genug, um zu wissen, dass der jeweils andere genauso lachte wie man selbst. Eigentlich ganz lustig so, das Camping. Vorausgesetzt, man hat einen Sonnenstich und einen guten Freund, mit dem man ihn teilen kann.

Immer noch leise kicherhustend rappelte ich mich schließlich auf und schleppte mich nach draußen. Dort streckte ich mich und sog die frischfeuchte Luft ein. Der See lag still unter mir und strahlte trotz des mich umgebenden Lärms so etwas wie Ruhe aus.

Ich zückte das Taschenmesser und wusste, was ich nun zu tun hatte. Ich würde ein geeignetes Stück Holz suchen. Daraus würde ich gemäß der krappweisschen Tradition einen Stöpsel schnitzen. Dann würde ich meinem Freund Torsten meine Koje mitsamt der Luftmatratze anbieten und dafür seine nehmen. Somit würde ich für den Rest des Urlaubs das tun, was auch mein Vater in dem Alter getan hatte: nachts um drei Uhr pumpen. Aber das war völlig in Ordnung. Das gehörte so, und es fühlte sich richtig an. Krappweise pumpen nachts – sonst fehlt ihnen was am Morgen, und zwar mindestens eine weitere Anekdote über einen weiteren gewonnenen Kampf.

Ich ergriff einen trockenen Ast und begann zu schnitzen. Dieser war wie gemacht für einen fast dichten Luftmatratzenstöpsel.

Und einen Pflock für den Gruaba.

Bonusmaterial

S *ie kennen das sicher von den DVDs. Der Regisseur hat den Film ins Kino gebracht, und um das zu tun, musste er an vielen Stellen was rausschneiden, weglassen oder umstellen. Darum ist es für die meisten Regisseure eine große Freude, wenn die Zuschauer dank DVD-Bonusmaterial doch noch in den Genuss des Weggelassenen kommen. Ich dachte mir, warum nicht auch ein Buch mit Bonusmaterial? Denn ich habe hier noch eine Geschichte von meinem Vater, die sich leider nicht so recht in das Gesamtgefüge einpassen ließ. Erstens wird nicht im herkömmlichen Sinne gecampt, und zweitens wird zu viel Rad gefahren. Irgendwie verfehlte dieser ansonsten wirklich unterhaltsame Beitrag also das Thema ein wenig zu sehr, und darum blieb mir nichts anderes übrig, als ihn schweren Herzens wegzulassen. Nicht ganz allerdings, denn hier kommt er nun also doch, und ich wünsche Ihnen viel Spaß mit meines Vaters zweiter Urlaubsreise. Und bei allem, was Sie nun lesen, bedenken Sie bitte: Er wollte es so, und er will es noch.*

Tommy Krappweis

Das zweite Mal

von Werner Krappweis

Mit fünfzehn Jahren begann ich eine Lehre als Automechaniker und erwarb mir von meinem dürftigen Lehrlingsverdienst schließlich ein Rennrad. Da ich damit in der Jugendklasse bald recht erfolgreich Radrennen bestritt, verbrauchte ich die wenigen Urlaubstage der nächsten Jahre für Lehrgänge in Sportschulen und Trainingslagern. Erst als ich siebzehn war, fand ich wieder die Zeit für einen richtigen Urlaub mit meinem neunzehn Jahre alten Radsportfreund Peter.

Wir hatten vor, mit unseren Rädern in zwei Wochen von München über Garmisch nach St. Moritz und dann über Mailand weiter durch die Poebene bis nach Lignano an die Adria und wieder zurück zu radeln. Lignano hatten wir deshalb als Ziel gewählt, weil dort die Freundin von meinem Radkumpanen mit ihren Eltern gerade Urlaub machte. Mir war es sowieso egal, wo wir hinfuhren, ich wollte einfach nur zum ersten Mal in meinem Leben das Meer sehen.

Das, war wir da vorhatten, war eigentlich gar kein Campingurlaub, denn zu einem richtigen Campingurlaub hätte ja ein Zelt gehört. Da wir aber mit unseren Rennrädern Gewicht sparen wollten, verzichteten wir darauf. Stattdessen hatte jeder von uns eine Plastiktischdecke, eine Wolldecke und das Allernotwendigste an Kleidung dabei. Wir hatten uns vorgenommen, einfach jeden Tag so lange zu radeln, bis wir müde waren, um dann an dem Ort, wo wir uns gerade befanden, einfach unsere Plastikdecke auszubreiten und unter den Wolldecken im Freien zu übernachten.

Schon am ersten Tag kam es zu einer von vielen Pannen. Allem Anschein nach waren die beiden Packtaschen und der kleine Rucksack für meinen superleichten Gepäckträger aus Aluminium doch etwas zu schwer oder die Fliehkraft in den Kurven auf der rasanten Abfahrt vom Fernpass zu groß. Auf jeden Fall brach schon nach hundertsechzig Kilometern kurz vor Landeck die linke Seitenstrebe an der unteren Befestigung. Weil wir auf unseren Rennrädern keine Schutzbleche montiert hatten, streifte das Gepäck jetzt direkt auf dem Hinterreifen. An eine Weiterfahrt war nicht zu denken. Zudem hatte am Sonntag auch kein Radgeschäft geöffnet, wo wir einen neuen Gepäckträger hätten kaufen können. Also waren wir gezwungen, hier zu übernachten.

Da wir zufällig direkt vor einer netten Pension standen, einigten wir uns, die erste Nacht nicht auf unserem geplanten Notlager, sondern erst einmal in einem richtigen Bett zu schlafen. Bis es so weit war, hatten wir aber einen Nachmittag totzuschlagen, und so saßen wir bald gemütlich in der Sonne auf dem Balkon unserer Pension und aßen Wurstbrote, die uns unsere Wirtin hergerichtet hatte. Dieser Abschnitt meines zweiten Urlaubs hätte meinem Sohn Tommy vermutlich auch ganz gut gefallen.

Ich kann mich außerdem erinnern, dass wir unsere müden Beine wie damals üblich mit Franzbranntwein massierten. Unter uns im Garten scharrten einige Hühner, und irgendwann kamen wir auf die naheliegende Idee, unser Brot mit Franzbranntwein zu tränken und dann zu den Hühnern hinunterzuwerfen.

Die Hühner waren schier verrückt danach, und wir lachten bei der Vorstellung, dass in den Eiern morgen anstatt Eidotter vielleicht Eierlikör sein würde. Als dann aber alle Hühner ebenso schlagartig wie bewegungslos auf der Erde herumlagen und nur noch gurgelnde Laute von sich gaben, machten wir, dass wir in unser Zimmer kamen, und hörten nur Minuten später ganz gedämpft das Geschrei mehrerer Stimmen, die sich gar nicht erklären konnten, was mit den Hühnern passiert war.

Erst am nächsten Morgen wagten wir uns betont unschuldig dreinblickend zum Frühstück hinunter und stellten erleichtert fest, dass die Hühner unseren Anschlag wohl doch überlebt hatten. Wir schoben die Räder in den Ort, besorgten einen neuen, stabileren Gepäckträger und montierten diesen an mein Rad. Allerdings hatten die Übernachtung und die Reparatur bereits am ersten Tag ein beträchtliches Loch in unsere sehr knapp bemessene Reisekasse gerissen.

Nachdem mein Gepäck befestigt war, ging es auf zur nächsten Etappe. Diese sollte uns erst über den 2149 Meter hohen Ofenpass, dann in die Schweiz nach Zernez und weiter nach St. Moritz führen. Da wir ja wegen der Besorgung und Montage des Gepäckträgers erst gegen Mittag losgekommen waren, wurde es bereits dunkel, nachdem wir den Ofenpass überquert hatten und nach Zernez hinunterrauschten. Bis nach St. Moritz waren es laut Karte noch dreißig Kilometer. Eigentlich hatten wir vorgehabt, noch vor Einbruch der Dunkelheit anzukommen, denn wir hatten ja gar keine Radbeleuchtung. Unser einziges Licht war eine kleine batteriebetriebene Stablampe.

Heute wäre es natürlich völlig undenkbar, nachts mit zwei Fahrrädern ohne ausreichende Beleuchtung auf einer Hauptverkehrsstraße den Berg hinunterzurauschen, aber vor zweiundfünfzig Jahren gab es dort kaum Verkehr, und wenn wirklich ein Auto kam, konnte man ja schon von weitem die Scheinwerfer sehen.

Unerwarteterweise führte uns der Weg plötzlich bergauf, und die Steigung wurde immer beschwerlicher. Trotz Landkarte hatten wir keine Ahnung, wo wir uns befanden. Also fuhren wir einfach so lange weiter, bis wir endlich in der Ferne ein Licht sahen. Nachdem wir bestimmt zwei Stunden nur immer bergauf geradelt waren, kamen wir an eine kleine Bar, die noch geöffnet war. Der Mann war sehr erstaunt, als mitten in der Nacht zwei junge Burschen in Rennkleidung eintraten. Ich war froh, dass mein Freund wenigstens ein paar Worte Italienisch sprach und er sich auf der Karte zeigen lassen konnte, wo wir uns befanden. Es stellte sich heraus, dass wir in der Dämmerung an einer Abzweigung falsch gefahren und dadurch jetzt auf der Passhöhe des 2315 Meter hohen Albulapasses standen!

Das erklärte auch die Beschwerlichkeit der Strecke. Da wir ganz schön erschöpft waren, bestellte mein Freund für jeden von uns einen Kaffee und ein Hörnchen. So saßen wir kurze Zeit später vor unseren ersten Espresso-Tassen und hatten noch nie so viel Geld für einen so einen kleinen Kaffee ausgegeben. Weil aber das Hörnchen sehr trocken war, bestellte ich noch zwei weitere Mini-Kaffees. Die belebende Wirkung von Espresso war uns beiden nicht bekannt.

Nachdem wir uns ein bisschen aufgewärmt hatten, beschlossen wir, wieder ein Stück zurück in Richtung der verpassten Abzweigung zu fahren, um uns einen geeigneten Schlafplatz zu suchen. Es war allerdings nicht so einfach, die nächtliche Passstraße mit den vielen Serpentinen im Dunkeln hinunterzufahren. Unsere kleine Stab-Taschenlampe war uns dabei keine besonders große Hilfe. Machten wir sie am Lenker fest, leuchtete sie meistens irgendwohin, wo sie uns nichts nützte. In den Händen konnten wir sie natürlich auch nicht halten, denn die brauchten wir ja zum Lenken und vor allem, um mit beiden Händen zu bremsen.

Also nahm der Vorausfahrende die Lampe einfach in den Mund. So konnte er durch die Bewegung des Kopfes überall hinleuchten, wo es notwendig war. Das war zwar auf die Dauer sehr unangenehm, aber im Moment die praktikabelste Lösung.

Der andere fuhr einfach hinter dem kleinen Lichtkegel her.

Immer wieder jammerte der Peter, dass er jetzt fürchterlich müde sei und endlich schlafen wolle. Ich jedoch war dank der drei Espressi ganz schön putzmunter und wollte unbedingt noch weiterfahren.

Und dann passierte es: Peter war gerade dran mit der Mundlampe, und ich fuhr hinterher. Doch als er vor mir um eine scharfe Linkskurve verschwand, ratterte plötzlich etwas hinter mir. Bis ich reagieren und bremsen konnte, blockierte auch schon mein Hinterrad, ich stürzte und überschlug mich mehrmals. Der finale Aufprall nahm mir kurzzeitig die Luft zum Atmen, und es dauerte wertvolle Sekunden, bis ich in der Lage war, mich aufzurappeln. Ich sah sofort, dass sich eine der Packtaschen in den Speichen meines Hinterrades verfangen hatte. Erst als ich hektisch versuchte, die Tasche wieder aus den Speichen zu lösen, stellte ich das tatsächliche Ausmaß des Schadens fest. Nicht nur war die Tasche aufgerissen und der Inhalt über die Straße verstreut, nein, es hatte sich auch noch eine Radrennhose in das Hinterrad gewickelt. Ich entfernte das Kleidungsstück und erkannte, dass zusätzlich noch eine Speiche gerissen und zwei weitere verbogen waren.

Das größte Problem aber war: Mein Freund Peter hatte von meinem Sturz gar nichts bemerkt und war natürlich weitergefahren! Ich wurde nervös.

So schnell wie möglich suchte ich meine Sachen auf der Straße zusammen, stopfte alles in die unbeschädigte Packtasche, in den Rucksack und in meine Trikottaschen.

Dann entfernte ich die gerissene Speiche, band die kaputte Tasche mit den Ärmeln eines Sweatshirts so am Gepäckträger fest, dass nichts mehr passieren konnte, sprang wieder auf mein Rad und fuhr los. Im ersten Moment wusste ich nicht, ob es meine Beine waren, die so zittern, oder ob das Hinterrad wegen der fehlenden Speiche eierte. Trotzdem versuchte ich so schnell wie möglich, in stockfinsterer Nacht die steile Passstraße mit ihren scharfen Serpentinen hinunterzufahren. Ich raste den Berg hinunter wie ein Geschoss, erkannte immer erst recht spät die Schemen der Bäume und schloss daraus, dass das nun wieder eine Kurve bedeutete. Der Espresso zusammen mit dem Adrenalin, der Geschwindigkeit und der Panik, meinen Freund Peter vielleicht nicht mehr wiederzufinden, ließ mich alle Vorsicht vergessen.

Endlich, nach einer endlos erscheinenden Abfahrt im

Höllentempo, hörte mein Blut auf zu rauschen, und ich wurde etwas langsamer. Schließlich erkannte ich in der Dunkelheit sogar das Schild mit der Aufschrift »St. Moritz«, wo wir heute Nachmittag wohl falsch abgebogen waren. Erschöpft schob ich mein Rad unter eine nahe gelegene Straßenlaterne und setzte mich stöhnend darunter. Da hockte ich nun, allein mit einem kaputten Hinterrad, einer zerrissenen Packtasche, ohne Karte, ohne Licht und ohne Peter. War er weitergefahren? Wartete er vielleicht schon nach der nächsten Kurve auf mich? Oder war ihm vielleicht auch etwas passiert, und er lag am Fuße irgendeiner Schlucht, weil der kleine Lichtkegel seiner Stablampe die Kurve nicht erfasst hatte?

Ich war zum ersten Mal in meinem Leben richtig verzweifelt und wusste nicht, was ich nun als Nächstes tun sollte. Ich gebe es ja auch heute noch nicht gerne zu, aber mir war tatsächlich zum Heulen zumute.

Plötzlich schrie jemand: »Werni! Gottseidank!« Es war der Peter. Wir fielen uns erleichtert in die Arme, und einen Moment lang sagte keiner ein Wort. Erst danach klärte sich alles auf.

Peter hatte dann doch irgendwann angehalten, weil er mir eigentlich sagen wollte, dass er nun so müde sei, dass er keinen Meter mehr weiterfahren würde. Erst da bemerkte er, dass ich nicht mehr hinter ihm war. Da ich ihn ja nicht überholt hatte, blieb er also erst einmal stehen und wartete.

Schließlich hatte er lange genug in der Dunkelheit herumgestanden und entschloss sich, mir wieder bergauf entgegenzufahren. Doch kaum war er auf sein Rad gestiegen und hatte die noch ausgeschaltete Lampe in den Mund gesteckt, rauschte etwas in halsbrecherischem Tempo an ihm vorbei. Er verlor wertvolle Sekunden, als er die Taschenlampe erst aus dem Mund nehmen und nach dem Schalter suchen musste, um dem Etwas hinterherzuleuchten, erkannte aber nur noch die Schemen eines Radfahrers in der Ferne. Ihm war natürlich klar, dass dieser Radfahrer nur ich sein konnte, also drehte er sofort um und strampelte so schnell er sich traute hinter mir her. Ich war aber sowohl von der Panik als auch vom Koffein getrieben, fuhr wie der Teufel, und so schaffte es der Peter nicht, mich einzuholen! Stundenlang verfolgte er mich mit der Kraft der Verzweiflung, obwohl er doch schon vor längerem eigentlich vorgehabt hatte, einfach am Straßenrand einzuschlafen. Und ich strampelte wie von Sinnen vor ihm davon, obwohl ich doch versuchte, ihn einzuholen!

Erst als ich dann irgendwann aus purer Erschöpfung aufgeben musste, hatte er mich aufgeholt, und wir hatten uns endlich wiedergefunden.

Froh darüber, dass auch dieses Abenteuer gut ausgegangen war, fuhren wir lachend noch ein kleines Stück aus der Ortschaft hinaus, bis wir einen geeigneten Platz fanden, wo wir unsere Tischdecken ausbreiten und uns zum Schlafen hinlegen konnten. Wir fielen sofort in einen ohnmachtähnlichen Schlaf.

Am nächsten Tag fuhren wir leidlich ausgeruht weiter nach St. Moritz, frühstückten und suchten mal wieder einen Radladen. Zwar hatten wir selber passende Reservespeichen dabei, brauchten aber einen Mechaniker mit Spezialwerkzeug, da die Speiche dummerweise an der Zahnkranzseite abgerissen war. Einfacher war es hingegen, Nadel und

Faden zu bekommen, um meine Packtasche notdürftig zusammenzuflicken.

Kaum hatten wir alles wieder repariert, ging es weiter über den Maloja-Pass, dann am Comer See entlang bis nach Mailand.

Überraschenderweise passierte während der 200 Kilometer nichts Erwähnenswertes bis auf einen ausgeprägten Sonnenbrand.

Da wir in der Großstadt Mailand natürlich nicht irgendwo im Freien auf unseren Plastikdecken pennen konnten, fragten wir einen Taxifahrer nach einer preisgünstigen Übernachtung.

Dann besichtigten wir den Mailänder Dom, und ich erstand in einem Anfall von Kaufrausch ein wunderschönes italienisches Renntrikot. Solche Trikots gab es in München damals noch nicht, und ich war sehr stolz darauf. Zurück im Hotel wollten wir gleich unsere Rechnung für zwei Nächte begleichen, da wir vorhatten, am nächsten Tag so früh wie möglich weiterzufahren.

Dann bekamen wir die Rechnung und erstarrten: 25000 Lire, also 25 DM für eine Übernachtung pro Person und noch dazu ohne Frühstück! Wir starrten auf den unglaublich hohen Preis und waren kurz sprachlos. Natürlich hatten wir einfach versäumt, bei unserer Ankunft nach dem Preis zu fragen! Schnell war klar: Eine zweite Übernachtung konnten wir uns unmöglich leisten. Also entschlossen wir uns zum Erstaunen des Portiers, doch keine weitere Nacht mehr zu bleiben, sondern sofort aufzubrechen.

Der erste Weg führte uns allerdings erst einmal zu dem Radgeschäft, wo ich mein schönes neues Trikot zurückgab.

Die Verkäuferin gab uns genauso widerwillig das Geld zurück, wie ich eigentlich das Trikot wieder hergeben wollte. Trotzdem kam der Tausch zustande, und wir fuhren los.

Wir mochten bereits eine halbe Stunde unterwegs gewesen sein, da sahen wir am Straßenrand einen italienischen Sportwagen. Da das damals noch eine absolute Seltenheit war, stiegen wir kurz ab, um ihn zu bestaunen. Anschließend kurvten wir auf der Suche nach der richtigen Straße heraus aus Mailand drei weitere Stunden durch die Stadt, bis wir schließlich wieder an dem gleichen Sportwagen vorbeifuhren, der uns damit zu verstehen gab, dass wir im Kreis gefahren waren. Es sollte bis lange nach Mitternacht dauern, bis wir dank mehrfachem Nachfragen und diversen energischen Gesten der Befragten endlich auch die Vororte und Industriegebiete hinter uns gelassen hatten. Erschöpft bogen wir schließlich links auf einen Fußpfad ab, breiteten dort auf einem schmalen Grasstreifen am Rande eines Laubwaldes unsere Plastikdecken aus und schliefen sofort ein.

Ein seltsames Donnern weckte mich unsanft, und ich schreckte hoch. Da wurde ich auch schon von Peter am Arm gerissen und unsanft hinter einen Baum zwischen die Fahrräder geschubst. Wo wir eben noch gelegen hatten, schob sich eine riesige Kuhherde vorbei und trampelte unsere Plastiktischdecken in den steinigen Boden.

Der Bauer sah uns komisch an, machte sich aber ansonsten nichts draus und trieb seine Herde weiter auf die nahe gelegene Weide.

Wir waren zwar nicht ausgeschlafen, dafür jetzt aber hellwach. Also packten wir unsere Sachen auf die Räder und fuhren los.

Seit unserer Abfahrt in München waren wir immer nach Süden geradelt. Ab Mailand ging es jetzt quer durch die Lombardei in östliche Richtung. Bis zu unserem Ziel nach Lignano hatten wir jetzt noch ungefähr 350 Kilometer zurückzulegen. Da die Fernverkehrsstraßen in Italien schon damals sehr stark von Lkw befahren waren, versuchten wir, möglichst auf Nebenstraßen zu bleiben, was aber sehr schwierig war.

Die kleinen Straßen verbanden nämlich immer nur eine Ortschaft mit der anderen und wechselten daher laufend die Richtung. Es blieb uns deshalb nichts anderes übrig, als immer wieder abzusteigen, um auf der dürftigen Landkarte nach dem Weg zu suchen. Wir waren aufgrund der Hitze dankbar um jeden Fluss und jeden Bach, in dem wir uns abkühlen konnten.

Nachdem wir ungefähr 100 Kilometer weit gefahren waren, hatte sich die Landschaft allerdings geändert.

Straßen, die nicht geteert, sondern gepflastert waren, führten kilometerlang immer nur geradeaus. Es gab kaum Bäume, wenige Ortschaften, muffige Gewässer und heftigen Gegenwind: Wir waren in der Poebene.

Trotzdem versuchten wir jetzt, jede Pause zu vermeiden, denn sobald wir anhielten, wurden unsere blanken, verschwitzten Körperteile von Stechmücken überfallen.

Die Nacht versuchten wir, irgendwo zwischen Mantua und Padua im Freien zu verbringen. Obwohl es sehr schwül war, zogen wir wegen der vielen Mücken zum Schlafen lange Radhosen an. Mit dem Kopf schlüpften wir samt Radkäppi unter die Decke, und die Hände schützten wir mangels langer Handschuhe mit Socken. Obwohl Tausende Frösche ununterbrochen versuchten, uns in allen möglichen Tonlagen in den Schlaf zu quaken, machten wir kein Auge zu.

Ich weiß nicht mehr, wie lange wir so dalagen. Ich kann mich nur noch erinnern, dass wir mitten in der Nacht total genervt aufstanden und einfach wieder weiterfuhren.

In der Nähe von Padua machten wir in aller Früh unsere gewohnte Frühstückspause.

Ich hätte mich sehr gerne irgendwo in der Sonne noch etwas hingelegt und meinen versäumten Schlaf nachgeholt, aber mein Freund wurde immer unruhiger, je näher wir seiner Freundin kamen.

So kurbelten wir die letzten hundertzwanzig Kilometer immer noch bei heftigem Gegenwind und nur von einer kurzen Mittagspause unterbrochen, bis wir schließlich unser Ziel Lignano erreichten.

Und während der Peter in den nächsten Tagen nur Augen für seine Freundin hatte und für sonst nichts anderes um ihn herum, sah ich zum ersten Mal in meinem Leben das Meer.

Ich war wie verzaubert. Mächtig und unendlich lag es vor mir, bereit, erforscht zu werden. Ich wäre am liebsten sofort auf das nächste Schiff gestiegen und losgesegelt. Stattdessen blieb ich einfach ein paar Stunden still sitzen und schaute zu, wie die Sonne im Meer versank.

Wir hatten in den vergangenen sechs Tagen etwas mehr als 1000 Kilometer zurückgelegt. Somit war ich ganz dankbar über eine Verschnaufpause. Die kommenden Tage waren gefüllt mit Schwimmen, Spaghetti, Pizza und dem Peter beim Knutschen zusehen. Davon hatte ich dann doch bald genug, und es zog mich wieder in den Sattel.

Außerdem betrug der kürzeste Weg nach München im-

merhin 550 Kilometer, und wir hatten dafür drei Tage einge-
plant.

Der Abschied fiel besonders dem Peter schwer, als wir
uns nach einem gemeinsamen Mittagessen wieder auf den
Weg machten. Mir fiel höchstens der Abschied vom Meer
schwer, denn ich hatte in den vergangenen Tagen lange genug auf den Hinterkopf des Mädchens gestarrt.

Wir waren gerade mal hundert Kilometer unterwegs, da
zogen vor uns dicke schwarze Wolken auf, und es sah so
aus, als würde es auf unserer Fahrt zum ersten Mal regnen.

Gerade schafften wir es noch, uns unter einen Balkon zu
retten, da ging es auch schon los. Was wir dann erlebten,
war kein Regen, wie wir ihn kannten, sondern unser erster
typisch italienischer Wolkenbruch.

Unser Unterstand war nicht sehr breit und gerade so
hoch, dass wir sitzen konnten. Die Räder zogen wir so weit
wie möglich zu uns heran, damit wenigstens das Gepäck
einigermaßen geschützt war. So warteten wir, bis es irgendwann wieder aufhören würde zu regnen.

Da hielt plötzlich ein Auto, ein Mann sprang heraus und
rannte aufgeregt auf uns zu. Erst verstanden wir nicht, was
er von uns wollte. Doch dann wurde uns klar, dass er erst
dachte, wir hätten einen Unfall gehabt. Aus seinen wortrei-
chen Gesten folgerten wir, dass wir mitkommen sollten.

Er brachte uns zu seinem Bauernhof. Dort durften wir uns
samt den Rädern in einem Schuppen nicht nur unterstellen,
sondern sogar übernachten.

Es gab zwar jede Menge kleiner Küken, die aufgeschreckt
überall herumwuselten, aber in einer Ecke war auch genü-
gend Heu für ein bequemes Nachtlager. Der Mann bedeute-

te uns, dass wir hier gerne schlafen durften, aber wenn auch nur ein einziges der Küken morgen fehlte, würde er seinen Hund auf uns hetzen. Wie verabredet bellte in der Sekunde etwas so durchdringend, tief und laut, dass wir glaubten, es in unserem Bauch zu spüren. Nein, wir würden kein einziges Küken verlieren, keine Sorge. Der Bauer nickte zufrieden und trollte sich ins Haus.

Nachdem wir beschlossen hatten, am nächsten Morgen so früh wie möglich aufzubrechen, um die verlorenen Kilometer wieder hereinzuholen, legten wir uns nieder und schliefen wie in einem Himmelbett.

Als wir am nächsten Tag aufwachten, hatten wir gleich zwei Probleme. Das erste war, dass wir viel zu lange geschlafen hatten, was wir an der hoch stehenden Sonne erkannten.

Das zweite Problem bestand aus einem riesigen schwarzen Hund, der vor der Tür stand und uns den Weg versperrte. Wir warteten eine ganze Weile, aber der Hund stand da wie angewurzelt.

Also beschlossen wir zu losen.

Der Gewinner sollte sich bereits im Schuppen auf sein Rad setzen dürfen, um sofort losfahren zu können. So hatte er eine Chance, dem Hund zu entkommen. Der Verlierer war dazu verdammt, die Tür für ihn zu öffnen, dann sein eigenes Rad herauszuschieben und die Tür so schnell wieder zu schließen, dass keines der Küken ins Freie laufen konnte. Das alles in der vagen Hoffnung, dass der Hund hinter dem Flüchtenden herrannte. Denn wenn er es nicht tat, war der Verlierer ihm schon arg schutzlos ausgeliefert. Außerdem würden aller Voraussicht nach bei einem Kampf mit dem

Hund alle Küken ungehindert aus dem Stall flüchten. So hatte der Verlierer doppelt und dreifach verloren, denn er würde vielleicht auch noch den Zorn des Bauern spüren.

Ich war der Verlierer.

Also stieg der Peter auf sein Rad, ich riss die Tür auf, und er raste los, als wäre der Teufel hinter ihm her. Ich riss mein Rad empor, schob es durch die Tür, schmetterte diese zu und … blickte in das riesige Maul des schwarzen Hundes.

Der leckte mir über das Gesicht und sah mich erwartungsvoll hechelnd an. Ich streichelte ihn, und er brummte wohlig.

Nach ein paar Kilometern hatte ich den Peter endlich eingeholt und erzählte ihm sofort von meinem heroischen Kampf, den ich in den schillerndsten Farben ausmalte. Erst an der Stelle, wo ich den Hund vom Fahrrad aus mit Küken bewarf, um ihn von mir abzulenken, bemerkte er, dass da wohl irgendwas nicht stimmte.

Da wir bis München ungefähr noch 500 Kilometer vor uns hatten, wollten wir an diesem Tag mindestens noch die 250 Kilometer bis Bozen zurücklegen. Wir besaßen jedoch kaum noch italienisches Geld, und so konnten wir uns das Frühstück in einer Bar nicht mehr leisten. Wir kauften uns daher für unsere letzten Lira einen Wecken Weißbrot. Zu trinken gab es Wasser. Eigentlich nicht gerade die geeignetste Ernährung für unser weiteres Vorhaben.

Unser Weg führte uns erst nach Bassano und dann immer weiter am Fluss Brenta entlang bis Trient. Inzwischen waren wir mehr als zehn Stunden unterwegs, und die Nacht brach herein. Bis zu unserem Tagesziel nach Bozen wären es noch sechzig Kilometer gewesen. Nach einer weiteren Stunde Nachtfahrt waren wir vollkommen am Ende, und so bereiteten wir uns völlig erschöpft in einer Obstplantage unser übliches Schlaflager.

Immerhin hatten wir für den letzten Tag noch 280 Kilometer vor uns. Die mussten wir aber unbedingt schaffen, denn wir hatten beide am übernächsten Tag pünktlich in der Arbeit zu sein. Es wäre undenkbar gewesen, an diesem Tag nicht zu erscheinen.

Bereits im frühen Morgengrauen ging es weiter nach Bozen, dann über den Brenner nach Innsbruck. Nachdem wir noch ein paar Schillinge übrig hatten, kauften wir uns in Innsbruck zwei Leberkässemmeln. Ich kann mich heute deshalb noch so genau daran erinnern, weil wir so einen Hunger hatten und mir nie mehr in meinem Leben eine Leberkässemmel besser geschmeckt hat als diese. Auf unserem weiteren Weg mussten wir noch den Zirler Berg mit teilweise siebzehn Prozent Steigung überwinden, bevor es nach Mittenwald, über den Kesselberg und weiter Richtung Wolfratshausen ging.

Es war schon längst dunkel geworden, und wir waren beide wirklich völlig erschöpft, aber wir hatten keine Wahl. Dies war unser letzter Urlaubstag, und der Gedanke daran, was uns erwartete, wenn wir als Lehrlinge nicht pünktlich Schraubenschlüssel bei Fuß standen, ließ mich durchhalten.

Peter allerdings musste ich immer wieder gut zureden, nun bitte jetzt nicht noch auf den letzten Kilometern schlappzumachen. Doch dann passierte es: Kurz nach Großhesselohe, nur fünf Kilometer bevor er zu Hause gewesen wäre, stieg er von seinem Rad ab, legte sich auf die Bank in einem Straßenbahnhäuschen und meinte, es wäre ihm nun herzlich egal, ob er morgen in die Arbeit müsste oder nicht, er würde jetzt hier liegen bleiben und um alles in der Welt keinen Meter mehr weiterfahren.

Alles Betteln half nichts, er bewegte sich nicht von der Bank und erklärte mit matter Stimme, dass seine Füße heute kein Pedal mehr berühren würden. Erst als ich ihm versprochen hatte, dass ich ihn heimschieben würde, stieg er widerwillig auf sein Rad und ließ demonstrativ die Füße baumeln.

So schob ich meinen Freund Peter auf die letzten Kilometer mit den letzten Kraftreserven und dem Mut der Verzweiflung auf seinem Rad nach Hause.

Dann erst fuhr auch ich endlich heim. Es war zwischen zwei und drei Uhr nachts, als ich als Erstes in die Küche ging, um nach etwas Essbaren zu suchen. Dadurch wachte meine Mutter auf.

Als sie mich sah, begann sie sofort zu weinen: »Mein Gott, Bub, wie schaust denn du aus!« Ich muss wirklich schrecklich ausgesehen haben, denn bis auf die Zeit am Strand hatte ich kaum etwas gegessen und war von früh bis spät täglich Hunderte von Kilometern Rad gefahren. Wie betäubt fiel ich in mein Bett, ohne mich umzuziehen.

Als dann in der Früh um halb sieben mein Wecker läutete, konnte ich mich kaum bewegen. Während ich mir benommen und halb ohnmächtig mein Frühstück machte, kam meine Mutter verschlafen in die Küche geschlurft. Sie konnte überhaupt nicht nachvollziehen, warum ich nach so einer späten Heimkehr nun heute am Sonntag schon wieder so früh aufgestanden war. Es dauerte eine ganze Weile, bis ich begriff, dass wir einen Tag zu früh nach Hause gekommen waren.

Am nächsten Tag ging ich frisch und ausgeruht in die Arbeit und war ganz froh, dass der Weg dorthin nur wenige Kilometer betrug. Aber eines war mir klar: Ich würde in Zukunft jede Gelegenheit nützen, um ans Meer zu fahren – für den Rest meines Lebens. Und wenn ich einmal Familie haben würde, dann würden wir uns einen Wohnwagen kaufen oder vielleicht einen Bus und einfach losfahren, genauso, wie ich das mit dem Peter gemacht hatte. Und genauso würden auch wir dann überall dort unser Lager aufschlagen, wo es uns gerade gefiel. Etwas Schöneres gibt es doch gar nicht als einen solchen Urlaub voller Freiheit und Abenteuer.

Oliver Kuhn, Alexandra Reinwarth, Axel Fröhlich

BGB

Besseres Gesetzbuch

Geschlechterverkehrsordnung, Leimhaftungsgesetz und Büroverfassung

Nach 111 Jahren und 66 Auflagen schickt Bestsellerautor Oliver Kuhn das Bürgerliche Gesetzbuch in den längst verdienten Ruhestand. Verstanden hat es eh keiner mehr, und spaßig war es nie. Es wird ersetzt durch das Bessere Gesetzbuch, in dem so zentrale Rechtsbereiche wie die Beziehungsgesetze, das Bestäubungsmittelgesetz, die Gaststättenunordnung und das Uhrheberrecht neu und überzeugend geregelt werden. Ein schlüssiges Beispiel aus den Bürogesetzen: »§ 4 Die Entscheidungsträger einer Firma sind hierarchisch geordnet und unterliegen folgender Reihenfolge: 1. Chef; 2. Stellvertreter des Chefs; 3. Büroleiter; 4. Menschenverstand, gesunder.«

KNAUR TASCHENBUCH VERLAG

Oliver Kuhn

Alles, was ein Mann wissen muss

Vademecum für alle Lebenslagen

Wie überlebt man eine Entführung? Wie repariert man mit einem Strumpf einen Motorschaden? Wie kommt man am besten mit dem Chef aus? Und wie beeindruckt man eine Frau beim ersten Date?

Fragen wie diese beschäftigen jeden Mann. Nun gibt es die Antworten darauf. Bestsellerautor Oliver Kuhn versammelt alle Fakten, Daten und Informationen, die Männer wirklich interessieren. Faszinierend und lehrreich, unterhaltsam und praxiserprobt. Ob Stammtisch oder Stehempfang – dieses Vademecum für den Mann ist ein unverzichtbarer Begleiter in allen Lebenslagen.

»Mit *Alles, was ein Mann wissen muss*
kann nichts schiefgehen.« *B. Z.*

KNAUR TASCHENBUCH VERLAG